人有二十难

释证严 讲述

复旦大学出版社

出 版 说 明

　　《人有二十难》最初由台湾慈济文化出版社在台湾出版发行。

　　证严上人,台湾著名宗教家、慈善家,一九三七年出生于台湾台中的清水镇。一九六三年,依印顺导师为亲教师出家,师训"为佛教,为众生"。是全球志工人数最多的慈善组织——慈济基金会的创始人与领导人,开创慈济世界"慈善"、"医疗"、"教育"、"人文"四大志业。二〇一〇年,被台湾民众推选为"最受信赖的人"。如今遍布全球的慈济人,出现在全世界许许多多有灾难与苦痛的地方,通过亲手拔除人们的苦与痛,实践上人三愿:人心净化,社会祥和,天下无灾。

证严上人及慈济基金会的各种义举,得到国家有关部门的重视和肯定。二〇〇六年,慈济基金会获得"中华慈善奖"。二〇〇八年,海峡两岸关系协会会长陈云林访台期间,特意前去拜访证严上人,并对慈济基金会在大陆的各项慈善行为,做出了高度的评价。二〇一〇年八月,经国务院批准,慈济慈善事业基金会在江苏省苏州市挂牌成立,成为大陆第一家,也是唯一的一家由境外非营利组织成立的全国性基金会。

一九八九年,证严上人发表了第一本著作《静思语》(第一集);此后的数十年来,证严上人的著作,涵盖讲说佛陀教育的佛典系列,以及引导人生方向与实践经验的结集；这些坚定与柔美的智慧话语，解除了众多烦恼心灵的苦痛与焦躁。台湾民众有这样的说法——

无数的失望生命，因展读上人的书而回头；
无数的禁锢心灵，因展读上人的书而开放；
许多的破碎家庭，因展读上人的书而和乐；
许多的美善因缘，因展读上人的书而具足。

证严上人的著作问世后，在海内外均产生广泛且持久的影响。最近复旦大学出版社获得静思人文志业股份有限公司授权，在中国大陆推出"证严上人作品系列丛书"的简体字版，包括：静思语系列、人生系列、佛典系列三大书系。《人有二十难》属于佛典系列，讲述如何破解人生二十大难关。不但有鞭辟入里的事理，也有证严上人在慈济行道多年的见证，可以使读者心开意解，深契菩提要旨。希望能给读者以启迪。

复旦大学出版社

二〇一〇年十月

目录

纲目

有势不临难
被辱不瞋难
见好不求难
忍色忍欲难
生值佛世难
得睹佛经难
弃命必死难
富贵学道难
贫穷布施难

佛言：人有二十难

菩萨的道路

善解方便难

睹境不动难

随化度人难

见性学道难

会善知识难

不说是非难

心行平等难

不轻未学难

除灭我慢难

广学博究难

触事无心难

贫穷布施难

在这片静寂的虚空中,远处却渐渐地传来悠扬的念佛声,佛号声划破了这静寂的时刻。外面是朝山的行者,里面是早课修持静坐、自我反省的闻思行者;内外融合,这些无不是道场修行处。

修行,不管在任何地方,只要自我心静、行正,便能念虑稳定。心能静、行能正均是修行的形态。世事本已多难,况为学佛者难事更多,有的是"行"难,有的是"说"难,而"心意诚敬"更难;佛陀于《四十二章经》的第十二章说:"人有二十难。"这二十难,即包括行难、言难、心意难。

布施路上多荆棘

"二十难",其第一难是"**贫穷布施难**"。

布施,是佛教的修行方法——六度法门的第一条,表示"爱"的方式;布施是一种"付出",又表示缩小自己、扩大心胸而关怀天下之人。布施两字听起来很简单，但是对某些人而言，做起来却不甚容易。普天之下，无论哪个国家或哪个角落，都无法缺少布施的运作；如果缺少布施互助的运作，那个国家社会就不是"人类"生活的社会。

学佛者，追求清净的爱，讲究付出的艺术，这便是"布施"。佛陀在经文中说："**贫穷布施难。**"确实是如此。因为贫穷的人，自己资生之物已经很匮乏，哪还有余物布施？尽管很有爱心，也很愿意付出，却苦于缺少生活的物质。所以，贫穷布施难！

然而，贫穷果真布施"难"吗？慈济医院曾有一位年轻的病人，因严重的车祸伤到脊椎骨，全身无法动弹。医师诊察后宣布说，已无法让他的手脚恢复原来灵活的功能。虽然如此，医师还是很用心地诊治，护士和志工也都很细心地照顾他、鼓励他；我也常常去看他，给予他精神上的鼓舞。

他有位很好的嫂子,像妈妈一样地看护这位年轻的小叔;在周围这么多人的关怀之下,这位年轻人终于勇敢地接受事实。大家爱的布施和细心的医疗,使他恢复了信心和毅力。

他心情乐观开朗后,奇迹出现了,两只畸型的手可以动了,因此他发愿:"如果我可以坐上轮椅,我也要做一个帮助别人的人,我也要当个快乐的志工!"历经无数的挣扎和努力,他终于能够坐上轮椅,于是计划组织一个"脊髓损伤联谊会"。因为他深深体会到脊髓受伤的人,尤其是年轻人,那分心灵上的打击是多么痛苦!

他希望组织这样的团体,由残障者鼓励残障者,让残障的人也能勇敢地面对社会人群,使每位伤残的人,仍然能和平常人一样,过着快乐的生活。这个"联谊会"在慈济社工同仁的爱心协助下，已经成立了。他很用心地设计了一张"会讯"，每个月都寄发一份给会友。

虽然他的手已变成畸型了，也不能写字，却不因此而放弃自己想做的事。他拜托复健科的医护人员帮他想办法，于是复健科同仁用爱心与耐心教他用指套。后来他带上指套，凭着毅力用心学习打电脑，以代替写字的功能，很困难地一字一字输入电脑，极为"艰巨"地完成那张会讯。我看到他这份"会讯"，心里非常感动。很多健康的人，根本就没有心要学电脑，而他却有这分耐心与毅力！由于他的热心付出，现在已有更多的会友加入"脊髓损伤联谊会"。

他看到一些会友只能整天躺着，无法翻身又无亲属照应，不禁慨叹："久病无孝子"。可是病人躺久了，会得褥疮；因此，他发愿购买能自动翻身的病床送给需要的会友。

于是在某年年底时,他去卖春联来筹钱。但是一张自动病床需要几十万元,他想或许可多卖些春联来完成这个心愿,结果只赚了一万多元,离目标还很远。因此,他又挨家挨户到人家的店里募捐,可是反应很冷淡!像他这么有心想帮助病友,但毕竟不容易,这也是"**贫穷布施难**"。

身心健康者,有力量行善,想做什么都可以,手脚很灵活;日常生活中,只要少吃一些、少用一些,将大家的力量汇集起来,就可帮忙需要救助的人;而一位脊髓损伤者,做起来就没那么简单。所以,我们要懂得珍惜现有的一切。社会人间有诸多困难阻碍,而我们竟然在这么多困难的几率中,还能毫无阻碍地行善,更应好好把握今日,及时行善布施;莫待时日迁移、福缘尽时才想要布施,那才真是难啊!

修行是为了突破诸多困难,在过程中不可能都是顺境;遇到困境时,应拿出毅力、信心去克服。佛陀的修行过程,也经历十几年的磨练,其心灵同样也经过一番彻底的挣扎,最后才降伏魔军而成道。

"魔"就是障碍,学佛难免会遇到障碍;不是外来的障碍,便是自我内心的迷障。

佛说人有二十难,第一是"**贫穷布施难**"。顺者易、逆者难;于顺境中想做什么,都可以依照自己的心意,做起事来就容易得多。比如:有钱的人发心行布施,就可马上做到;有力的人想办任何事,只要付诸行动,也是很容易达成;但是情况若相反,则困难重重。

顺于生死,沉沦自障

什么是顺?什么是逆?"顺于生死易,逆于

生死难"。一般的凡夫迷于生死——为何生于人间,自己都不知道,而且也不想探究"生从何来"的道理;既然无心探究,那么天天便过着糊里糊涂、懵懵懂懂的生活,顺着社会的潮流而沉迷于生死之中。有些人醉生梦死,纵然他们财物富有,却不肯拿出点滴施舍帮助别人、做些有意义的事,或根本就没有这种机缘。

我曾听一位委员说,他有一位非常有钱的朋友,这位朋友的财产多得不知如何计算。他问这位朋友:"你可知道慈济这个团体在做什么吗?"

朋友说:"慈济做的事,我曾听过啊!"

"那你想参加吗?"

这位富有的人说:"我已经做很多了呀!佛教讲广结善缘,我也结了很多缘啊!你想想,我一天到晚请客,那一桌桌的酒席,光一桌就一万多元！我不是很慷慨吗？而且，每次给小姐的小费都在一千元以上！很多人说我不慷慨，到底我哪里不慷慨呀？"

他是非常慷慨，可是他不知一桌近万元的酒席花费，可以让暗角的众生维持多久的生活，破茅屋中又有多少淋雨受寒的老弱贫病、孤儿寡妇等待救助；他更不知道一桌酒席的钱，在医院中就可能救回一条人命。他或许都没有考虑到这些，只是天天过着纸醉金迷的生活，这便是顺于生死的众生。像这样的人是不是很多呢？确实不少。

凡夫不想追求圣贤之道，这些人都是顺于生死，迷失了良知的可怜人啊！好的事情都离他们很遥远，要他们做利益人群之事非常难，这便是"障碍"。这种障碍都是自我的障碍，这样的人生实在是心智最贫乏的可怜人！

生大毅力，逆生死流

"逆于生死"——外在环境有阻碍时，只要自我有充分的毅力，即使再恶劣的环境都能突破。像泅水的人，懂得泳术可以逆水上游，不会游泳的人就很危险，极可能被淹没或卷入大海而终至灭顶。

学佛就是要打破环境的困难，追求"生从何来，死往何去"的道理。但在不明生死的道理之前，最重要的是守好当下此刻的这一念。若光想着过去和未来，很容易陷于杂乱心和妄想心；不如好好把握今天的方向和此时所持的立场，因为"差毫厘，失千里"，因此方向与立场一定要很正确。

正信的佛法，是世间、出世间最真确的道理；人身难得今已得，佛法难闻今已闻。我们有幸能听闻佛法,应起难遇之想,并好好地运用,切莫只想了脱生死。学佛是要好好的身体力行,不用害怕外境重重的阻碍,外境的磨练可以成就我们的耐力。一个有毅力、勇气充分的人,绝对不会被困境所屈服!他可以坚志力行,不受外在的困难而改变自己的方向。

有一位委员告诉我一个故事。他说:"我今天很感动,我带了一万五千元要捐给医院,购置一张病床,是一位很'伟大'的人托我拿来的。"

我问道:"是什么样的人呢?"

他说:"是我们长期救助的低收入户,是一位残障人士。"

我说:"既然是我们救济的对象,为什么他还有这么多钱呢?"

委员说:"他拜托我拿钱来时,我也这么问过他。他说慈济给的钱(每月三千元),他每月至少节省三百元,长久累积下来已有七八千元。过年期间,隔壁邻居和亲友也会接济一些,他也把这笔钱储存起来,总共有一万四千多元;然后这个月拿到三千元救助金时,他又赶紧把它补足为一万五千元。因为他常听到人家捐病床,心里好羡慕!所以,他一直想达成这个愿望——在慈济医院中,也有他的一分力量在里面。因此,当他好不容易凑足这笔钱时,就很高兴地托我转交给师父。"

这件事多么感人啊!既是我们济助的人,又是残障者,一个月三千元的生活费还要留下三百元;三百元和一万五千元之间的差距实在很遥远,必须用几年的时间才能节省下这笔钱?而他发了这个善愿后,不怕数目少,也不怕需要长时间才能完成。大家想想,以他的条件要布施并不是件容易的事,但是他却能突破这个难关。所以说，于逆境中而能突破难关，实在是不简单。

克服贪欲，有心即不难

至于"逆生死之潮流，逆生死之欲念"这种情况，的确是难上加难啊！就像泅水者，要有足够的勇气及毅力，且不断挣扎，才能逆水上游，达到安全的彼岸。修行就像这样，不要顺着生死及凡夫心的贪念而追求享受，我们要力争上游——逆生死之流，突破世间种种的难关；其中，最主要的是克服自己内心的贪欲。

贪欲有很多种，包括财、色、名、食、睡等等。如果顺着它们，便是生死流中的凡夫；要去除它们，却要下很大的功夫，这叫"逆生死之流"；虽然很难，但是对有信心和勇气的人而言并不困难。请大家要多用心，以毅力来逆生死之流，突破心与身外的诸多障碍。只要能不顺生死迷失自己，即使处于贫穷困境,真想布施也并不为难啊!

尤其在慈济世界中,有很多清寒人家立志行善,也和富有的人一样乐于布施,同样可以发挥自己的功能。"布施"除了物质之外,身体力行的奉献也是布施。

佛陀所说的"**贫穷布施难**",是指一般人而言;若是学佛的人,他看透了世间的一切,进而发挥人生的功能。比如前面谈到的例子,那位受慈济接济的残障者,平时省吃俭用,竟然在年底时也能够捐一张病床;他虽然很贫困,但是有心布施,所以也就不怕难。

佛陀说"一切唯心造",过去、未来、现在诸佛都是唯心所成;只要有心去做,是难亦不难!

一勤天下无难事。在佛陀时代,有一位贫婆把自己的头发剪下,换了一盏油灯,实现燃灯供佛的心愿,她一样可以布施。另外一位贫女,穷得只有身上穿的一件破衣服,于是把里襟剪下一块来供养佛陀,同样达成布施的善愿。在慈济世界中,类似的故事很多。只要有心去做,即使困难也不难办到。

对多欲的人而言,布施确实是很难的事;但是对于有心人,则凡事都难不倒他啊!

富贵学道难

修行就是要追求宁静的境界，但是精舍却难得有宁静的时刻，最宝贵的时间就是每天早晨的时候；但是，经常还是有周围或近处的种种干扰，火车、飞机的轰隆声，大卡车奔驰之声……都会影响宁静的气氛。因为静下来的人，感觉特别灵敏，外界的声音可以听得很清晰；静坐时，若是邻座的人呼吸气息较重时，也都会敏感地感受到。这一切因素，使得宁静的境界无法达到极致，这就是"难"。

贪瞋痴障碍学道的路

第二，"富贵学道难"，意思是指物质富有、名位显贵的人要学道确实很难，因为一般凡夫都有贪瞋痴等心病；另外还有贡高我慢、疑念等等。有钱人难免会贡高骄傲，无法做到"富而好礼"，所以说"富贵学道难"。即使他想学道，障碍也会比较多;多数人都没有时间去选择何者才是正信的宗教？若有信仰，也只是求神明保佑，让他的事业更赚钱或求事事如意、年年平安……这都是不正确的信仰。

有些做生意的人，认为关圣帝君一定要供奉、土地公也一样要拜，妈祖更不能忽视！信奉这种民间信仰的人，只要听到哪里要盖庙，龙柱需要多少根……再多钱都毫不吝惜。

曾经，有一位社会名人来访，却带了香、纸钱和金牌来。他问我："你们的'金炉'在哪里？"

我说："我们这里不用烧纸钱呀！"

他惊讶地说："哪有到庙里不烧纸钱的？"

我说："佛教是不烧纸钱的。"

又过了一会儿，他拿出一个红纸包，里面有一片金牌，他说："我这面金牌，要挂在哪一'仙'（尊）？"

我回答："佛教不用这些,佛陀不会喜欢戴的。"

他说："怎么这样奇怪,以前我到庙里去,也都送金牌呀!"

我说："我把它收下,作为救济之用好吗?"

他说："既然这样,就随你处理吧!"

他礼拜之后,我请他到客厅坐。原本他是为公务而来,应该是听我报告功德会的事情;可是他谈的尽是:他到哪个王爷庙布施了多少,到哪家天宫布施了几根龙柱……他的祖父母到哪里问风水、地理,然后才找到某个"好地理"。

我听他说完这些话,心里感叹道:"佛陀说'富贵学道难',真是一点不假!"

古贤曾说:"富而不智则衰。"若仅有钱却没有智慧,极可能家境很快就会衰败下去;就像暴发户一样,他们的财富能维持多久呢?

常见一些暴发户，因暴得大利而喜好炫耀，全身穿着都很考究，但却不懂素雅高贵的搭配；穿金戴银的结果，却只让人觉得庸俗累赘。不然就是去环游世界，回来后到处炫耀说："那个国家我去过，那个地方我也去玩过。"这样的人实在很可怜呀！

有钱的人，应"取诸社会，用诸社会"。能够如此，必能受人爱戴尊敬；受人尊敬，自然成为"贵人"。常听人说："还好遇到了贵人……"而"贵人"就是能发挥生命功能，去帮助别人的人啊！

虔诚向道则天下无难事

佛陀说："富而不智则衰"，学佛的人有了钱，还要有智慧！有钱有能力，要知道如何去运用；但是世上有智慧的人，到底有多少啊？所以，佛陀才说："富贵学道难"。

不过在慈济世界中,此难亦非难;如今社会上不乏财物富有、地位崇高的人,也都热心响应慈济的志业。比如前"行政院"李先生、"内政部"许先生、前"省府"邱先生、"教育部"毛先生等四位联袂来花莲视察慈济的各项建设,看到及听到慈济的种种情形后甚为感动,也马上加入慈济成为会员。李先生首先表示加入,邱先生听了也说:"我也要加入",许先生和毛先生也相继响应。

邱先生很幽默地向许先生说:"我早一分钟加入,我是师兄,你是师弟!"

毛先生说:"那我是最后加入,排行最小了!"整个会场充满了祥和的气氛。隔天团拜时,邱先生在讲话中,呼吁全省各阶层都应有慈济的精神,他说:"如果大家都有慈济的精神,台湾会变得更好。"

"行政院"李先生于团拜时也说他已加入功德会，许先生于"内政部"也都提到已加入慈济，他们都是显贵的人士，却仍以加入慈济而欣喜。另外，慈济的荣誉董事，很多也都是富有、名位显达的人士，却能以慈济精神为依归。

佛陀说"富贵学道难"，而在慈济世界中，大家却都能发挥善心，取诸社会、用诸社会，而且去除贡高我慢的心态，这即是富贵学道者；即使是难，在慈济世界里也不成其难了。

精舍经常有全省各地的人士来访，有些是前一天刚到，第二天清晨就组成了浩浩荡荡的朝山队伍，大家不分贫富、同声齐念佛陀的圣号，三步一拜，脚步整齐地踏上慈济的菩萨道路。在这些队伍中，有多少富贵人家啊！他们既能发心布施，也能去除贡高我慢，所以在慈济世界中，富贵学道并不难。佛陀说："一切唯心造。"一个人的命运是贵是贱,并不是定数。尽管困境重重,只要能坚毅突破,一样能转变自己的命运和业力;只要是虔诚的学道者,普天之下没有不能扭转的难事。我们除了修福之外,还要修慧——福慧双修。布施固然重要,学道也不能忽视! 福慧具足的人生,才是可贵、幸福的人生。

弃命必死难

日常生活中,我们天天都忙忙碌碌;一般的人,你若问他:"你在忙什么?"他会说:"为了生活而忙呀!"

生,就是生存;活,就是要活命。总之,人人都很重视自己的生命;身外之物要他舍去都已经不容易了,何况要舍去身命?所以,佛陀告诉我们,人生的二十难中有"弃命必死难"。

凡夫怎堪生离死别

明知会牺牲生命,仍然义无反顾地舍去性命,确实很难办到。生、老、病、死原本是很自然的事,这个道理大家也都能了解;但是临命终时,却还是难以舍弃。

在医院常可看到第三期、第四期的癌症病患,尽管医生已经诊断证实了病情,但是却很难决定是否要告诉患者?甚至要经过一番考虑后,才决定是否要对病患的家属说明病情；家属知道以后，通常会惊恐非常、心碎不已！知道自己的亲人，生命已如残烛，家属要隐藏自己的伤痛，还要劝慰病人……

别说是病患的家属，就以我而言，有时看到重病的患者或垂死的病人，我也不忍心说："放下吧！你安心地去。"这句话谁有勇气说呢？因为要人们放弃生命，谈何容易？

行者为法忘躯成就道业

但是如果是一位虔诚的宗教家，这件事对他就不难了。过去不知有多少宗教家，为了维护自己信仰的宗教而舍弃生命。

佛陀的弟子富楼那弥多罗尼子，有一天很虔诚地跪在佛陀的面前，请求佛陀让他到最南端、最野蛮的地区去弘法。

佛陀对他说:"弘法是一件很困难的事,必须难忍能忍。你有这分生忍、法忍的毅力吗?"

弥多罗尼子回答:"我既然身入佛门,就要把生命奉献给众生;生命都愿意舍了,还有什么生忍、法忍不能忍呢?"

佛陀说:"有这种精神很好。但是南方的野蛮人根本就不讲道理,如果他们不愿意接受你去弘法呢?"

弥多罗尼子说:"我可以用渐进的方式,不断地说服他们。"

佛陀又问道:"如果他们不但不接受,还要反抗你,那你会如何?"

弟子回答:"假使他们心生反抗,我必当忍受一切去克服。"

佛陀再问:"如果他们对你破口大骂呢?"

弟子说:"我要感激他们只是骂我,而未

打我。"

"假使他们动手打你呢？"

"那我更要感谢他们只以拳头打我，还没有动刀拿棍伤害我。"

佛陀又问："如果他们真的拿刀棍伤你呢？"

弟子回答："我仍然要很感激他们只伤到我的皮肉，没伤到我的生命。"

佛陀更进一步问道："如果他们刀棍不留情，把你打死呢？"

弟子依旧回答："我还是会很感恩！人生就是因为有了这个身体，才有种种的苦。我既已听闻佛陀的教法，体会了真理，自当能把这个身体奉献给众生，为众生牺牲、为法殉道，那我的生命已得到尊严的解脱。所以，我要感谢他们完成我的菩萨道业。"

像这样才是所谓的宗教家！明知前路艰难

坎坷,但是他的心里早已有了准备。不管众生对他是骂还是打,他都心存感恩;为了弘法利生,他毫无畏惧,甚至牺牲性命都不埋怨;而且,还感激那些野蛮的众生成就了他的道念。

"弃命必死"对于菩萨行者并不为难,因为他的生命观已超然,不惧一切磨难。

超越生死发挥人身功能

一般社会大众,有些平时看起来像是勇夫般威风凛凛,对财富、名利不餍足地追求。社会一有什么问题,他们就很敏感地带头起哄示威、抗议;但是遇到危险时,他们又逃之夭夭。唯有宗教家愿意以和平方式舍身取义、赴汤蹈火;真正超越生命境界的人,才能做到如此。

"人生自古谁无死",没有任何生命能长生不死。既然生命都有尽头,我们为何不在这个生命的历程中,好好发挥它的功能呢?

　　宗教的信仰者,必须有超越生命的情操。虽然佛陀说"**弃命必死难**",但是我们应善用这段生命功能,即使是舍身命为众生也在所不惜。如此,纵然是难亦不难,这叫做"难能可贵"。

得睹佛经难

人生,好像困难的事情很多。在日常生活中,就连口头上说话,也常会出现这个"难"字。例如地上湿了,正巧看到一个人要走过来时,我们会细心地提醒他:"地上湿湿的,很'难'走,你要小心哦!"或是想打开一个瓶盖,可是怎么用力也打不开时,也会说:"这个盖子很'难'开呀!"反正,举手投足之间,常常就有难走、难提、难开……等等类似的事;而现在我们所要说的"难",才是人生真正的大困难。

虽然如此,我们若果真有心想做,即使是很难的事也不成其难。反之,若根本无心要做,也许人家只说了一句:"地板湿湿的,很难走。"我们便停于原地,怕地上湿湿的会滑倒,就不敢走过去。这么简单的事,若能稍加注意,小心地跨步,很容易就走过去了,哪有什么难?如果我们时时都受限于这个"难"字,那这段人生怎能顺利过关呢？

文字不足是一难

现在，来谈第四"**得睹佛经难**"——能看到佛经很难吗？有些人一定会说："有什么难呢？我经常收到热心人士助印的佛经。经书这么多，都已经造成收存放置的困扰了。"的确！数量这么多，怎么说得睹佛经难呢？

就现代人而言，"**得睹佛经难**"，其实是难在经文艰涩。平常的人，想要深入阅读佛经，并且加以完全体会贯通，不是一件很容易的事情。

因现代人对文学、文字较轻忽，平日看惯了白话文，对古文经书的接受力很弱。"文字代沟"的距离很大，自然无法体会古文经义。因此，这些经典对我们来说，就不容易看懂。

佛陀在世时，他说"**得睹佛经难**"，是因为当时并没有佛经。佛陀是配合当时的社会背景及他所遇到的人与事,然后以他自身的智慧观机逗教;不管遇到什么样的人,都可以运用智慧去教导他们。佛陀并没有事先拟稿或先做好一篇文章才讲话,完全是依智慧的观察,照当时社会背景的需要观机逗教;等到佛灭度后,才由弟子将口口相传的资料结集而成佛经。

当时,迦叶尊者、阿难尊者虽然结集佛法,也只是将记忆和听闻的部分,由阿难重述宣讲。有些记忆力较好的人,就把阿难尊者口述的法,以简单的短句方式传诵、再为他人宣讲。就像《法华经》里所讲的,如果听过《法华经》后,能够以口宣说,让其他人也有机会听闻,不但说的人有功德;听的人若再把"法"传播出去,如此辗转相传,直到第五十个人,他的功德和佛陀在世时,当场听闻的功德一样。意思是说，要利用各人的记忆，用心去听，然后再去教导其他的人。

时空阻隔也是难

慈济志业也是由"无"到"有"逐渐创立而成。在慈济还未建立之前，根本就没有一本慈济的范本；只是凭着理想与热忱，辛苦地把它一一建立起来。慈济创建之后，大家来看、来听，再把看到、感觉到的那分心得一一口耳相传，让其他的人也觉得很欢喜，因此大家同心摄受在一起，共成慈济志业。

佛经的结集也是由"无"到"有"，佛灭度后只有口头的传诵，直到后来再以梵文记录于贝叶，但也是非常简单的记录。可见，佛陀说"得睹佛经难"的原因：

第一，佛灭度后一百年间，根本就没有佛经

可看；

第二，口耳相传的经文，是不是百分之百正确呢？这也很难说。以我为例，我用闽南语表达，有人用文字记录下来，这也无法百分之百、一字不漏地记下来；因为讲的是方言，记的是文字啊！何况，佛经留下来的时间已经很久远；因此，想要体会佛陀当初的语言意境，自然更难了。

台湾的佛经数量很丰富，但是其他地方可不一定看得到。就如慈济在美国已设立分会，每个月寄过去的慈济道侣、月刊或是其他文宣品，他们看到时都非常高兴，为什么呢？因为"难得"啊！要得到那些文物不容易，因为从台湾寄过去的数量有限。所以，他们视若珍宝；而这么有限的东西，到底有几个人可以看得到呢？所以，要有因缘能看到也是很难。

心行放逸难上难

我想即使有无上妙法摆在眼前,如果无心去看,哪怕是伸手可及,而且只要花一点点时间便可看完,仍然不会动手拿来看,这是不是难呢?总而言之,佛陀所说的难,是难在我们的心。心中若没有企求妙法的愿力,就不会有所行动。世间没有不劳而获的便宜事,更何况要求得"出世妙法"呢!

佛陀说"得睹佛经难",现在的出版社很多,三藏十二部经都甚为齐全。除了三藏十二部之外,还有许多学者用心研究后,再把经文译成白话文;但是我们若不想去看、不去了解它,那么即使坐在经书堆里也是"得睹佛经难"呀!

经者,道也;道者,路也。我们不只要看经,还要去"行";如果不肯去行,凡夫与佛的距离,毕竟是几十万亿佛土之遥呀！学佛者应该心领神会、身体力行,希望大家走在"经"的道路,不要畏惧;倘若听了人家说"路湿湿的很难走",就不敢前进、走过去,如何去走十万亿佛土的路呢？能够把心念调整好,时时刻刻向前精进,就能到达千经万论的尽头——诸佛的圣域。

生命贵在实践

除了佛经之外,现代人的知识水准都已提高,但真正用功读书的人却不多;能用功读书,并且又能实际运用书中的理论者更少。有些年轻学子最初选的科系是农业系,到后来却从商;有人选商科,毕业后却从事工业。总而言之,世间的一切学问,能专心学习并学以致用的人,的确是少之又少;更何况要以出世的精神来研究佛陀的教法,更是难呀！

　　如果做人的行仪和世间的学问不能圆满、不去用心，如何能做好一个学佛者的本分？虽然当今的印刷术很发达，到处都能看到佛经，但是能够了解佛经的教理，且运用于生活中的并不多，所以说"得睹佛经难"。

　　不说现在，就是佛陀在世时，也有一位名为二十亿的弟子，他是富有的长者之子，又是独生子，父母很疼他，他一生下来，父母就请了很多仆役服侍、照顾他，平日把他侍候得足不着地。小的时候是这样，长大了也仍是这样；一个人从小到大，脚底不曾踩过土地，那要如何生活呢？当然是时时刻刻都有人服侍他，而且在家中也不时坐着轿子让人抬着走，以致他的脚底都长了细毛。从这点我们就能想象得出，这位"二十亿"在家里是如何地享受，亲族父母又是如何地宠爱他。

　　有一次，佛陀在祇园精舍讲经时，这位年轻

人虽然很少外出，但他曾听说——佛陀是超越世间的觉者。他从内心生起了仰慕之心，所以，就向父母请求，要去见佛陀。他的父母也认为这是一项增加智识的好机会，就派人用轿子抬着这位年轻人到佛陀的住处。

佛陀看到这么多仆从簇拥着一位小主人，扶扶抬抬地来到他的面前，佛陀就为这位年轻人讲了很多人生的道理和生命功能的使用价值观，也宣说生死的无常。这位长者子听完之后，深刻体悟到自己从出世至今，生命根本就不曾发挥过功用，他心里非常恐惧，因为生命无常啊！他觉得自己并不适合再生活于社会上，便请求佛陀让他皈依，甚至求佛陀度他出家。

但是佛陀提醒他说："出家必须和大众过着'六和敬'的团体生活，要能和睦相处才行。"这位富家子出家之心殷切，表明愿意过僧团的生活。

于是他勇敢地站立起来,跨出他人生的第一
步——第一次把脚踏在地上,迈开脚步走到佛陀
的面前皈依顶礼,并且对佛陀说他愿意在僧团
里,付出这一二十年来没有发挥过的生命功能;
他要做别人难以做到的事,要修他人难以忍受的
苦行。

生命如琴弦

出家之后的二十亿很勤奋,也很用心。祇园
精舍前前后后,僧团所住的范围,他都很辛勤地
打扫、处理杂物;有空的时候就不断地背诵佛陀
的教法。人们每次遇见他,总会听见他喃喃诵念
的声音,甚至睡眠的时间也一直减少,连阖上眼
睛他都觉得是浪费时间,认为分分秒秒均不能让
它轻易消逝。

有人告诉佛陀,二十亿比丘已经发愤忘食,

托钵的时间不外出,甚至晚上该睡的时间也不睡,再这样下去很危险啊! 佛陀听了,就到这位比丘的住处对他说:"你这么用功修行呀! 你在家时最喜欢的嗜好是什么呢?"

二十亿比丘回答:"我最喜欢弹琴。"

佛陀问道:"琴弦如果太松了,琴音如何?"

二十亿比丘说:"弦太松,就弹不出声音。"

佛陀又说:"如果弦绷得太紧呢?"

比丘说:"那很危险,琴弦容易断掉!"

"什么情况下,琴发出的声音最美妙呢?"

"弦的松紧调得适度,弹出来的声音最好。"

佛陀说:"修行也像弹琴一样,不可放松,但也不能太紧;过与不及都是很危险的,最好是行于中道。所以,你应该调节自己的生活,日常的作息要正常;而用功的时候则要专心一志,不可放逸。若能把作息调节得当,再用心去体解道理,把所学的法和实际的生活融会贯通,那你的修行就成功了!"

现代人学佛,也应该依循佛陀教化的方法来学习,不要空过时日。首先,要学得日常生活待人接物的道理,才能体会出世间的实相;如果学佛只是光看而不做,不把道理和生活相互融合,那么事与理就完全脱离了。所以,"得睹佛经难"的意思是指:能真正去体会、实践佛陀的教理很难。

现代人的智识水准提高了,不只是文言的经书多,白话文的经书也很多,不过,读佛经和运用佛经之间,还有一段很长的距离。因此,经文背得很熟稔而不思考文意,如同看书而不见理,那是没有用的。总之,一定要真正身体力行才能受益啊!

生值佛世难

　　我们常听到一句话——"人海茫茫,何处是归程?"这表示人生在世,心里茫茫然无所依止。佛经中有"一眼之龟,适逢木孔"的比喻——在茫茫的大海中有一块浮木,中间正好有一个破洞;有一只独眼龟每隔一千年才会浮出海面一次,就在它浮出海面时恰恰好穿过这个洞,把头伸出来,这种机会多难得啊!在人生的大海中,要找到真正的皈依处,机会就像海龟穿过木孔的比喻那般困难,所以佛陀说:"生值佛世难"。

　　众生不断在六道中轮回,但要得人身确实很难;既得人身,又能和佛同处一个时代更难;与佛同世,又同住一个地方,更是难中之难;能与佛同住一个地方,又得以见佛,那更是不容易啊!

　　两千多年前,佛陀出生于印度,而我们是否也曾与佛同世呢?纵然与佛同世,但地球这么大,我们不知投生在哪个角落,也不一定能与佛同生于一处；即使以上两个条件都具足，是否得见佛面也是一个问题，所以说："生值佛世难"。

换我心为佛心

虽然佛陀在世的时间距今已有两千多年，我们如果能依循佛陀留下的教法修学精进，必能契入佛陀的精神；只要心中时时有佛，就好像与佛同世一样啊！若听闻了佛法，却不知好好运用，即使与佛同住一处，也是离佛很远。

佛经中记载，佛陀曾到一个只有九万人口的小城；有三分之一的人，曾见过佛、听过佛说法。另外三分之一的人，只听说佛已经来到城中，却无缘见到佛。其余三万人不只未曾见到佛，就连佛名都不曾听闻，怎会了解什么是佛法呢？虽与佛同世，但要见佛仍是很难！小小一个只有九万人口的城市，也只有三分之一的人有机会听闻佛法,何况我们距离佛世已经两千多年。

佛陀告诉我们"三世一切佛,一切唯心造",仔细想想,九万人中有三万人连佛名都不曾听过,虽然与佛同世,却如同隔世,哪有佛法可言?其他三万人虽曾听闻佛名,却未曾得见佛面,又能有什么受用呢?剩下的三万人,虽亲见佛面,但是否能把佛的道理领纳于心?如此再三过滤,真正对佛法心领神会的人又剩下多少呢?以另一个角度而言,只要能接受佛的教化,无论是否"与佛同世",都是一样可以受用啊!

如果我们时时刻刻以心念佛,把自己的心换成佛心,如此不只可以"与佛同世",而且还可以彰显佛的智慧并启发我们的佛性。我常说,不要轻视自己,因佛常在我们的心识里;如果时时将佛心、佛行运用于生活中,就如佛在引领着我们向前行,怎会觉得"生值佛世难"呢?

如法修学善巧运用

现代的人，若有仰慕贤人的心，自然会用心寻找明师；但想找到一位真学实德者，却也不是易事。因为"真学"与"实德"不是在任何人身上都能找到。佛陀就是一位具足真学实德者，他的教法，我们已听闻许多；佛的事迹，我们也知道不少，若能把听来的道理用行为表现出来，那么佛就时时在我们的心中，也在我们的生活行动中。虽说"生值佛世难"，但只要佛心与我常在，即与生逢佛世无异，也就不成其难了。

就像前面说过的"得睹佛经难"，我们听闻佛经、了解佛法，是不是很困难呢？以现在而言是很容易啊！因为到处都有佛法演讲，而且往往场面盛大；听讲者也很踊跃，有时候是几千人、几万人。但是这几千、几万人当中，到底有几位真的把佛的教法牢记心中,又能善加应用呢?如果人人听了佛经都能把它应用于日常生活,我们的社会早就已经净化了!可惜的是,许多人听了以后没有实际应用;那么,听闻佛法和未闻佛法又有什么差别?

现代人的知识水准提高了,看佛经比较不困难。如果看了经典能如法修学,又能把它拿来日常生活中应用,那么我们眼睛所看到的,无不是佛的行动;耳朵所听到的,都如同佛的声音一般;那我们"生值佛世"怎么会有困难呢?不过现在的社会风气,偏偏就是远离正法,离圣人、贤人像是隔了遥远的世代一样,不容易求得佛的教法。

见佛闻法一念间

佛陀常说:"适值佛法,旷劫难遇。"的确,佛法是旷劫(长远的时间)难遇的呀!不过,佛陀又说:"瞬息之间,可以见佛闻法"——谓见佛闻法只在一念间。瞬息之间和旷劫难遇,这两者岂不是差别很大呢? 如果不好好面对佛法真理、身体力行,即使与佛同世,也和隔世没有两样。反之,虽然我们生离佛世已有几千年,若听到佛陀的教法后,当下就能爱惜教法、拳拳服膺,在日常生活中力行佛所行之行、说佛所说的话、怀佛所怀的心,如此,则瞬息之间所遇的都是佛法真理。

得遇真理,且能体会真理,并不一定要在几岁的时候或在什么特定的环境。比如慈济护专【注】的一位懿德妈妈说:"假日要回家时,在车上遇到我们的学生。我问她们去哪里? 她们说:'去散播慈济的种子! 我们去参加救国团的活动,大家登山之后,发现慈济的学生非常受重视,一切的行为、言语、动作都很让人肯定,我们现在才知道身为慈济护专的学生是光荣的!'又说:

'在谈话当中,我们都会把握机会,告诉其他团员慈悲喜舍的精神,也告诉他们上人的话——要缩小自己、扩大心胸。在外面参加活动,大家都很喜欢我们;因为我们散播的是大爱,是清净无染的爱。'"

看看这些同学们,在这里只有短短的四个月——一个学期的时间,她们就能把佛教慈悲喜舍的精神付诸行动;甚至和其他学校的人接触时,也能表现出慈济的形象,并且散播慈济慈悲喜舍的种子。年纪轻轻的就能接触到佛法,是因为就读慈济护专。在学校上课时,她们接触到的都是专业知识,很少接触佛法,但是她们的心却能在潜移默化中,融入慈济精神和佛法教育,因而处于人群中会使人人敬爱,她们接触的时间并不很长呀!只要有心且能用心地接受,便是己心和佛心相互融通、身意会合,这叫做"见佛闻法一念间"。

学佛闻法不在时间久暂，一旦离了佛心就旷劫难遇。若能会合佛心，瞬息便能见佛。所以，"**生值佛世难**"其实并不难；只要我们专心，便能于瞬息之间见佛闻法。这完全只在一个"心"字，有心学佛的人真的要多用心，听了法要真正吸收、记在心中，然后表现于行为，那么，见佛闻法并无困难啊！

【注】：于一九九九年改制慈济技术学院。

忍色忍欲难

人有二十难,其中第六难就是"**忍色忍欲难**"。

"色欲"这两个字,听起来好像只是针对男女之间的欲念而言;其实,"色欲"涵盖的范围很广。"色"包括一切有形有质的物品,凡是眼睛所看得见的,身体所能感受到的,全部都在"色"的范围之内。

心生贪爱不取难

所谓"**忍色忍欲难**","忍"是指心理的控制。譬如看到一件东西很美,如果无法控制自己的心念,很自然就会想占为己有并采取行动伸手拿取;有些人以正当的方式取得,有的则是不正当的获取。正当的取得虽是别人欢喜的给与,却也是因为见物欢喜而心生贪爱,才会有"取"的行为。有的人却偏好自己不该取得的东西,明知不该取而生起欲念,既起欲念又无法控制,以致做出犯戒、犯法的事，这就是"忍色忍欲难"！

我记得很多年前，曾听过一件案例——

有一位年轻女子，她有位妹妹，母亲非常疼爱她们，家庭生活幸福和乐。后来她和一位男士有了感情并论及婚嫁，在母亲的赞同下，以丰厚的嫁妆陪嫁过去。

她先生是一位租屋阶级的人，经济没有女方那么宽裕。结婚之后，她对生活享受的需求还是和以往一样，而无法适应婚后的拮据环境。于是，她经常回娘家百般索求，母亲自然都顺着她，女儿要什么就给什么。

这位年轻的太太经常埋怨先生无法让她扬眉吐气，希望先生赶快买一幢房子，而且要像样的房子。但是她先生是个公务员，以他的薪水哪有能力买房子？

她的先生是安分守己的人，每个月的薪水总

是原封不动地交给太太,但是虽然省吃俭用,要靠先生的薪水买一幢像样的房子,金额实在相差太远。这位太太只要想到别人有房子,而她却要租房子住,就忍不下这口气。在强烈的购屋欲望驱使下,她就常常四处去看房子;即使没有能力买,她还是乐此不疲。

天伦梦碎只为贪

结果,连续几年间,她常常回娘家告诉母亲说:"我看了一间房子,两百多万,想把它买下来。"

母亲问女儿:"你现在手上有多少钱呢?"

她说:"我目前有二十多万元。"

妈妈费尽唇舌劝她暂时打消念头,但是没有用。

有时她也和先生说:"我今天去看了一间房屋,总价一百多万!"

先生问:"我们现在有多少储蓄啊?"

太太说:"二十多万!"

听到这个数目,先生就好言相劝地安抚太太。

但是十几年来,这位太太都是为了购屋而忙。

只要有房子盖好了,她就跑去看,心里一直想要买,但总因为经济能力不许可而作罢。直到婚后十二年,她看中一幢房子,位于台北市,总价要三百八十万。当然,那幢房子确实非常漂亮,她爱得几乎发狂,天天回去吵她妈妈,希望妈妈借她两百万!

妈妈说:"借你两百万不是问题,但是另外一百多万你要怎么凑?"

她说:"我可以参加互助会,可以跟某某人借钱。"

她母亲故意问道:"你一个月能缴多少会款?能还人家多少钱?"

事实上,她先生的薪水全部拿来缴会款都不够,更何况还有借的部分呢?所以,母亲总是好言相劝:"先把这颗心安顿下来!"

可是,她不但没有办法控制这分欲望,甚至怪她母亲不肯帮忙,因此而断了母女之情,和妹妹也反目了。

断了娘家这边的亲情后,她还是没有办法压制这分欲念,于是把这股怒气发泄在丈夫身上。

她天天责怪先生没用,不能满足她的愿望。先生被她闹得没办法,竟然做了一件贪污的事;但是,钱还没拿到手就走漏了消息,结果被判了刑。

虽然如此,她的贪欲是否就止息了呢?依然没有,甚至变本加厉!她常常叫孩子放学后到百货公司去,趁人不留意时,把东西偷回来。从此,她的孩子只要看到别人好的东西,就会把它"拿"

回来！

有一天，她的儿子在一家书局偷了几支名贵的钢笔，当场被抓到，因此被送进观护所。最后，家里只剩下十三岁的女儿。这位太太似乎已乱了心性，她不断责骂、虐待她女儿。有一天，女儿放学回家途中，心里不知在想什么，边走边哭，不小心就被车撞死了！结果，家里只剩下这个女人。到了这样的地步，她已一无所有，终于精神崩溃了！

这是真实的家庭悲剧，为了自己的爱欲而断送了女儿的命；先生因为要满足她的愿望，结果做了傻事，不知要在铁窗里待上几年；儿子在她不正确的教导下，学会偷窃而沦落在观护所；最后，她自己也落到精神失常的绝境。这就是爱色爱欲的心理无法压制所引起的啊！

所以，佛陀说："忍色忍欲难。"世间像这样的事,毁了多少人生、毁了多少家庭?

知足常乐

　　佛陀常常教育我们,对于世间的物质、情爱,要有正确的看法;如果能通情达理,对物质的取舍就会有正确的看法。除了该得的部分,有余的应该布施;不该得的就不要多想。若能控制好爱色爱欲的心,就不会犯错了。

　　许多人就是无法忍色忍欲,才会造成终身的遗憾!一念差,步步错——不可不慎啊!

见好不求难

人人都有追求之心,前面说过"忍色忍欲难",因世间有五花八门、形形色色的物质,足以诱惑人心、使人迷乱,要忍色忍欲实在很难。所以,佛陀又说:"见好不求难。"

人总是不断地追求,只要认为是好的,就不停地向前追寻,对凡夫而言,这是很正常的事。可是,人生的烦恼多半因此而起;为了这分追求的欲望而误了前途的,大有人在。

贪求心重的人,总是对目前所处的环境不能满足,永远觉得空虚而有失落感。因不满现况,所以常常向外追求;为了追求未来的目标,往往迷失了自我。所以佛陀在世时,常常用各种方法教育大家,希望学佛的弟子们能接受他的警语。

佛陀常说:"人生无常,一切如梦幻泡影。"不过,众生却愚痴无知、不务现实,常"偏执于空"或"执著于有"而一直追求不放。所以,佛陀不管是对富有的人家或是贫困的人，都以平等的智慧应机教化。

庸碌一生何以安此心

佛陀在世时，有一位富甲天下的小国国王。他本身信奉印度的传统信仰——婆罗门教。他深信今生此世的位高权重，是过去生布施、造福的结果，所以很欢喜造福。

有一天，他启开珍宝库藏，以七天的时间为限，发出通告："人不分远近，不分种族；有需要资助的人，来此一定有求必应。"他把珍宝分成数堆，每堆约六十个枣子堆起来那么大。前来求助的人，固定每人给一堆。这些财物尽管有不少人来拿，但还是剩下很多。

佛陀知道这位国王发如是心，可是他这种造福的心态，并不是真正的解脱，因为他还是有所求——求来生福。

于是,佛陀化成一位婆罗门教的乞士来到国王面前。国王说:"你有什么困难尽管说,不用客气,我一定满足你的需求。"

这位乞士说:"我知道国王喜爱布施造福,所以我来求取财物。"

国王说:"好,那你就拿一堆吧!"

乞士拿了一堆珍宝就走,可是只走了七步,又回过头来把珍宝放回原处。

国王问:"咦!为什么又拿回来呢?"

乞士说:"本来我想三餐温饱就心满意足,但现在有这些珍宝,却还过着四处流浪的生活,觉得欠缺了安全感,所以很希望拥有一栋房子。"

国王听了觉得有理,就说:"你可再拿一堆!"

他真的再拿了一堆,但走没几步又回头放回原位。

国王疑惑地再问:"怎么啦?"

乞士回答说:"我想如果把这些东西拿去卖了,也只够盖一间房子,若想娶妻也还不够呀!"

国王就说:"好吧! 那你拿三堆去,这样就足够让你娶妻建屋了。"

这位婆罗门乞士于是拿了三堆珍宝,回过身便走;走了七步,又回头把东西放在原处。国王很讶异地说:"你这个人真是奇怪,三堆财宝难道还不够吗?"他说:"我算一算仍然不够,因为即使房子盖好,娶了妻、生了子,我还得请一些奴婢来侍奉妻儿,或者把房子装潢得漂亮一点,所以算起来仍是不够用!"

遇到这样的人,国王却也度量宽大地说:"那你就拿七份去吧!"

乞士真的拿了七堆宝物离去,走了一段路,他又把东西原封不动地放回去。

国王嗔怒道:"你真是一个怪人,已经够你盖房子、娶妻,也够你请奴婢了,你还嫌不足吗?这些财物可以让你享用一生了!"

乞士叹道:"我再怎样计算仍觉得不够,即使什么都有了,可是儿子长大也要娶媳。唉!人生一世确实是追求不完,也做不完呀!况且人生无常,我宁可过着目前这种朴实自在的日子,没有精神的负担及家室之累,可以清静地过一生。所以,我认为目前的生活是最理想、逍遥自在的方式。"

国王听了这位婆罗门乞士的分析,顿有所悟,他想:"对啊!人生的追求永无尽头,我现在已经很好了,却还想追求来生的福;若生生世世只追求福报,那就永无解脱之日了。身为国王要为百姓、国事操劳,还得防范他国侵犯,为此忧恼不已,像这样是真正的福吗?我应该去追求更超然自在的福!"

　　佛陀已经知道国王的心态，这位婆罗门乞士于是向国王说："现在有一位觉者——佛陀，出现于人间。要追求财物，倒不如去追随佛陀，因为佛陀有取用不尽、轻安解脱的法财。所以，我想还是去追求佛陀的真理比较好。"他喃喃自语地边说边离开国王而去。

　　国王听到世间有位觉者，心中一震！"对呀！国内的人民，不是也口耳相传说悉达多太子已经成佛了！他是天下众生的导师，我何不去求见佛陀，请佛为我开示皈依？"于是他即刻传令准备马匹，动身到祇园精舍去。

　　到了祇园精舍，国王一见到佛陀时，觉得像是遇见故人一般，他想：我在哪里见过他呢？佛陀微笑地对他说："才没多久的时间，你怎么就不认得我了呢？"这时，国王见到佛陀慈祥的态度即会意过来，赶紧五体投地，感谢佛陀启发他的智慧。

佛陀善于观机逗教,甚至用婆罗门乞士的形态去接近国王,以种种的方便法,三番两次地乞求财物又归还,这就是智慧的引导。后来,这位国王终于被度化了。

弃欲无贪最轻安

佛陀常说:"人生求无止境。"所以说,"**见好不求难**"。像那位国王身为一国之尊,又富甲天下,却还觉得必须再求取来生福;而婆罗门乞士(以喻世人)想要房子,又想娶妻;娶了妻又要奴仆,而且还要为未来的子子孙孙设想。这个例子明显地告诉我们,人生求无止境,多辛苦啊!

当然,"追求"是好事,我们学佛也要"求"精进;不过,精进是为了自我心灵的解脱,"求"突破人间色欲的诱惑,要真正用脱俗的精神追求心灵清净,以达弃欲无贪的轻安境界!

■

被辱不瞋难

■

第八,"被辱不瞋难"。

每个人生气的时候都会说:"这口气我忍不下!"为什么忍不下呢?"因为我被欺负了,人家占我便宜"或"他不讲道理",大多是这些问题让人忍不下这口气。

"气"由何来?由"贪、瞋、痴"而来。一般人的心中,都有贪、瞋、痴三毒。人在日常生活中,的确离不开这三毒,这是人心的通病。

贪、瞋、痴会使家庭中的成员不懂得相互忍让,社会也是因为人心有"瞋"念而相互计较斗争。本来人生应该是很美好的,就是因为有贪、瞋、痴等三种心理病态,所以稍微被占了点便宜,就忍不下来。

佛陀之所以能成佛,就是在群体中能忍下别人所不能忍的侮辱和攻击,做人家所做不到的艰难之事,所以他能成佛。

忍饥耐饿以德化怨

当年，佛的僧团中，有一位提婆达多比丘是佛的堂弟。他野心勃勃，想要统领僧团，因此和阿阇世王勾结，二人互通计谋。阿阇世王想早日取得王位，因此不惜用残忍的手段将父王囚禁起来，禁供水谷，要让父王活活饿死；提婆达多也利用种种的方法要杀害佛陀。

有一天，提婆达多和阿阇世王共议一计，且传令下去，命令全城的人一律不准供养佛僧；若有违犯，必遭重罚。因此，王舍城内竟无人敢供养佛陀及僧众。

佛陀的弟子虽只是日中一食，但每天也不可缺少这一餐。时日一久，僧团已快无法维持生活。佛陀就叫目犍连、舍利弗、迦叶尊者等大弟子，分别带着僧众分散到各地去，唯独佛陀和阿难及五百僧众留在城内。他们忍饥耐饿,想以这分忍辱、毫无抵抗的忍德来感化阿阇世王。

慈悲心调伏狂象

提婆达多得知佛陀的大弟子们都已离开佛陀,带领僧众分散各地后,又向阿阇世王说:"佛陀的大弟子和很多僧众都已离去,现在城里只留下佛陀和阿难以及五百僧众。我们可以趁此机会消灭佛陀及僧众。"

提婆达多教国王隔天请佛陀入宫接受供养,而他自己就计划用酒灌醉五百只大象;等佛陀来此的途中,把醉象放出使其狂奔,企图利用醉象去践踏佛陀及僧众。象不但力气很大,被灌醉后更会发狂而到处攻击人畜,极为危险。他们决定了计谋之后,第二天阿阇世王真的就依计行事,请佛陀前来受供。

　　佛陀虽明知他们的计谋,但仍然很欢喜地接受。于是和阿难率领五百僧众向王宫前进,行至半路,一群疯狂的大象直冲出来;所有的民众都惊慌走避,唯有佛陀、阿难和僧众都安然不动。醉象已冲到近前,佛陀却仍然安立不动。

　　奇怪地,这群原本疯狂怒奔、惊天动地呼啸而来的大象,到了佛陀及僧众跟前时,竟然都安静下来。而且,每一只大象都温顺驯服,如五体投地般地向佛陀跪下。佛陀安详地露出笑容摸一摸大象,然后穿过象群,走入王宫。

　　阿阇世王看到这幕景象,心里很吃惊。他发觉佛陀不只具有调伏人群的威德,即使是狂醉的象群,他都能驯服。所以,内心起了敬畏之意,于是恭敬地供养佛陀。佛陀对这件人为的"意外"不但不怨、不怒,在接受供养后,还真诚地祝福阿阇世王。这即是佛陀的忍德。

普通的人受到他人一点点的欺侮,就要力争到底,而佛陀却是"被辱不瞋";虽然受人侮辱、侵扰,甚至到了让人断粮绝食且欲以醉象加害的地步,佛陀仍毫不动气,不把侮辱放在心上。由此可知佛陀的心境已净如明镜,不起瞋恨等心念;心中常存着无量的爱心。

爱、慈悲、宽谅,可以取代瞋恨之心;一个人若有爱心、慈悲宽容的心,怎会产生瞋怒?我们若能消除瞋怒,又怎会有人我是非呢?

可能很多人有这样的经验:在室内听着外面的雨声滴滴答答,虽然没有冷风吹进来,但光听到雨声,就增加了几分寒意;这是心里的感觉。佛陀一再警惕我们——"一切唯心造",不管是你对待人或别人对待你,一切的动作感受、快乐或是痛苦,都从心而起。不但人是这样,其实世间一切众生都是如此。

我们必须了解,一切人我、事物接触时,心念感受是如何生起来的? 而欢喜、瞋恨……又该如何去压制、转化? 培养快乐的心境,转化瞋怒之心念,这就是修行要下功夫的地方。

佛陀在"二十难"中提及"被辱不瞋难",就是指:一个人在遭受侮辱时,一点都不会发脾气,这才是真正的难得;人家若瞧不起我,而我能一点都不在意,这才是真正了不起。但是,世间能找到几位这样的人物?

多数的人都会钻牛角尖,本来人家对你并没有不敬之念,也没有对不起你的地方,如果自己内心一直要往坏的方面猜疑,那是一件非常痛苦的事。

孔子曾说:人如果有忍辱的功夫,天下就无事可争斗。世间的圣人都这么说了,更何况是出世间的圣人——佛陀;他也教我们要学习"忍辱"。

气柔心细不战而胜

周朝时,有一位专门养斗鸡的人叫做纪渻子。"斗鸡",顾名思义就是好斗成性的鸡;两只鸡对立时,一只稍微一动,另一只就立即反应上前,于是两只鸡就冲突起来,彼此攻击。有时斗得鲜血淋漓、遍体鳞伤,它们还是不甘罢休,到最后通常是两败俱伤,甚至必须有一方死亡为止。

周宣王很喜欢看斗鸡,纪渻子就专门为他饲养斗鸡。有一天,有人从外面买来一只很强壮的斗鸡,周宣王很高兴地把它交给纪渻子。过了几天,周宣王就问道:"几天前买回来的斗鸡,你把它训练得如何? 可以上场比斗了吗?"

纪渻子说:"还不可以。因为这只鸡血气方刚,斗志高昂,还不宜上场。"

再过几天,周宣王又问同样的问题,纪渻子

的回答仍是:"还不能上场。因为它一看到其他鸡的影子就会冲动,所以还不能上场。"

又过了多天,周宣王再次询问,这次纪渻子说:"可以了。因为它看到其他的斗鸡,听到它们的声音时一动也不动,它的心已不受外物所动,就像是只木鸡一样,所以可以上场了!"

诸位听了这个故事,会觉得很奇怪吧?争斗不就是要血气方刚、斗志高昂,才斗得赢吗?平常人都以为如此;不过,纪渻子认为这只斗鸡虽然很强壮、斗志很高昂,但是如果一点风吹草动就先主动攻击,那它必败无疑。因此,先训练它将斗志收敛于心,才让它下场争斗。

后来,这只受过训练的斗鸡一上场就稳稳地站立,即使其他的鸡在身边百般挑衅,它还是像只木鸡一样如如不动。它只以眼睛注视着对方,对方就会产生莫测高深的畏惧而自然地后退,不敢攻击。连禽类都讲究心理的运用,何况是人呢?

人,一定要有这分不瞋的涵养,不可动不动就心浮气躁,以为别人都在与你作对。我们要以宽容的心待人,不要有"我如果不跟他斗斗看,他还以为我很傻"的想法。有句话说:"大智若愚。"不要怕人家笑你傻,要担心的是人家说你太聪明,太聪明就是狡猾,"聪明"不是好听的话。如果人家说:"他怎么那么傻,任人家欺侮,一点也不在乎!"事实上,如果能做到这样就是成功了。

每次看电视新闻,就教人触目惊心,从台湾最高的议事殿堂,以至于社会群众皆以暴力作诉求,用拳打脚踢来解决问题。原本可以是很美好的人生,为何变成互相争斗的情形?这都在于不肯忍让而引起争斗之心。

前面也说过"见好不求难",经济富裕者要追求更多的财富,地位崇高者还要追求更高的权势,所以才会引起这番争斗混乱的场面。每个人若能尽本分,以佛心为己心,哪还会有什么争端?学佛的人,就是要做到"被辱不瞋"——被人侮辱而不发脾气,才是真功夫啊!

一"忍"天下无难事

佛陀告诉我们:"被辱不瞋难。"虽说修行容易,但要修得忍辱的功夫确实很难。如果动不动就说:"他对我太过分,如果我不反击,他还以为我很傻!"像这样的人,往往会一败涂地。大家要学习"忍"这个字,如果稍有不如意就忍不下去,这一生就太难度过了。修行如果少了"忍"字,那任何"行"都无法修。所以,六度波罗密之一就是"忍辱"。

请大家记着,要像那只斗鸡般不轻举妄动,只是稳稳一站,其他的斗鸡就不敢来侵犯。修行如果能修到"内定"的心态,自然一切世间的困难都可以解决。

学佛有生忍、法忍,好比外面的雨声滴滴沥沥,在大殿里坐着,如果没有这分生忍,大自然的气候就会让人坐不住,心里会想:"天气这么冷,如果蒙在被窝里不是很温暖吗?为什么要在这里枯坐?"人和外在的大自然无法彼此接纳,则"生忍"的功夫就无法成就了。所以在日常生活中,我们无时无刻都要在"生忍"和"法忍"中相互包容,人我之间的对待更是如此。

有势不临难

冬季的阵阵冷风，真正让人感觉到一股难受的寒意。几天前，听说高山顶都已经下了雪，白茫茫的一片。在人群聚居的平地，也感受得到那股寒气，尤其绵绵的细雨，更增添刺骨的寒意。

所谓"高处不胜寒"，通常山地比平地冷！不过，偏偏有很多人一到假期，就往高山寒冷的地方去。山难事件时有所闻，却还是有许多人往高处爬，这是凡夫的迷执；本地的风光不会欣赏，总是喜欢追求世间外在的物质境界，这就是人生的颠倒、迷执。

佛陀解说二十难中的第八难是"**被辱不瞋难**"，也就是被人瞧不起时，能够不发脾气是很困难的事。而且，大多数的人多少会有一种心态——觉得别人高高在上，而自己也不甘卑微，所以佛陀又说"**有势不临难**"。人总是要往高处爬，想追求显赫的地位；但是有了显赫的地位，而能够不骄傲不炫耀的人实在不多；或者是有很好的地位等着你，而你却一点都不想去争取，这在凡夫来说，也是非常困难的事，这就是"**有势不临难**"。

快乐绝非名利中求

看看现在的社会，每天报纸上所报导的事件，哪一件不是与权势、名利有关？每天看到的尽是拉拉扯扯的镜头，相互谩骂，甚至于掀桌捣椅，跳到最神圣的发言台上拳打脚踢，这为的是什么？就是争个"势"啊！地位愈高，权势就愈大，所以权势地位摆在眼前而要人们不去争取，那实在是很难啊！人人都是凡夫，除非懂得超越凡夫之地，追求贤与圣的境界，才可能看淡名利而不争。

释迦牟尼佛，本来是继承王位的太子，但他

却放弃唾手可得的权势、名位与富贵,转而追求人生的真理。人世间的富贵势力,对一位具有超凡智慧的人而言,就像一只破草鞋般,根本不值得追求;要丢弃它更是容易。不过,平常人却不这样认为,所以苦患无穷。

佛陀有超凡的智慧,视"富贵如浮云"、"势力如敝屣",是不是只有佛陀才能做到这样呢?也不尽然!即使是一个很平凡的人,如果凡事看得开,也一样可以做到。

平凡中的伟大

比如我有一回上台北,就有一对很让人感动的年轻夫妇来找我。那位太太身材瘦小,穿着非常朴素,那么冷的天气却穿得很单薄;身上的牛仔裤也不知已经洗过多少次,看来是条穿过多年的旧长裤。她的手非常粗糙,看得出是双做粗工的手,这双粗糙的手拿着一个汽水罐捧得高高地呈献给我,我没有心理准备就去接,结果差点失手掉落,因为好重啊!这么小的罐子,为什么这么重,里面是装什么东西呢?

她口中一直说:"师父,请求您收下;师父,请求您一定要收下好吗?"听她说话时,我一边把罐子打开,看到里面有个塑胶袋,原来里头用纸包裹着九条金条和一些金币、链子,加起来约有十条金条的重量。那天很冷而她却穿得很单薄,衣服的质料也很普通,她虔诚地跪在地上,一直要求说:"师父,请您收下好吗?"我心中除了感激之外,也感到怀疑——这位年轻的太太为何有这么多金条?又为什么要全部捐给我呢?

我问她:"你为什么要捐这么多金子,又怎么会有这么多东西呢?"

她说:"有些是父亲给我的,另外一些是去年才买的。"

我又问她："你目前做什么工作?"

她说："在成衣加工厂做车布边的工作。"她先生也在同一个工厂做工,而他们夫妻俩有一个共同的心念,就是要为慈济医院尽一分心力。只要身体健康,做工维生日子仍然过得去,而师父盖医院,是一项千秋百世的志业;他们认为把这些东西捐给师父,可以发挥更大的功能。她说:"这些东西放在身边不去用,有与没有差不多。"

这是一对很平凡的夫妻,却有不平凡的共同心愿——把积蓄完全捐献作为建院救人之用。看得出来,他们只是家境小康的劳工家庭;然而一双粗糙的手,竟然献出这么多贵重的金条,而这贵重的物品又岂能与她心灵的美善相比? 这分诚挚的心,实在非常感人。

若说"有势不临难",像这对夫妻拥有这些东西,原本可以拿去变卖,用它作为生活的开销,穿得漂亮点、暖和些;但是她连穿得暖一点的欲望都没有,更何况是"依势追求"呢?因此,如有超凡的心,"有势不临"并不难啊!

社会上,像这样平凡的人很多,但就是欠缺了那分超凡的心态。所以,佛陀说"**有势不临难**",又说"**一切唯心造**"。只要有心,就能超越财势、功名的诱引。学佛的人,要多用心,多向他们学习;若有争权、夺势的情形,就要更加自我警惕了。

触事无心难

我从室内走出来,看到天边透着一片微微曙光。开门进入大殿时,电灯是关着的,里面很暗,倍增寂静的气氛。礼佛之后,坐下来把姿势摆正,大众开始念佛,然后是静坐。在这短短的时间里,我发现天空浮现一条白白的银带,可以感受到天色将明,于是闭上眼睛——心静,境亦静。等到引磬声响的时候,我张开眼睛,外面已是一片光明,时间亦在不知不觉中,分分秒秒如流水般地消逝。在天明与日落之间,人们忙碌地过日子,虽然身体不曾离开外在的境界,但是我们的心却很少去注意外面环境的变化。在日常生活中,很多事情我们都不曾用心体会,只是让它轻易地流逝。

珍惜单纯的生活

佛陀告诉我们——"触事无心难",但是我却感受到：我们的日常生活，时时都是在无心的状况下度过。那么，佛陀为何告诉我们"**触事无心难**"呢？佛陀是要启发我们，人本来就可以在很单纯、逍遥自在的情况下生活；可是凡夫无明一起，就会把最简单、轻安、逍遥的生活复杂化，因而产生烦恼和痛苦。"天下本无事，庸人自扰之"这句话人人都会说，但是偏偏在生活中，尽和一些人与事过不去。时间分秒不停地流逝，而我们的心却常记挂着过往的人我是非，心念在那儿不停地打转，这就是烦恼的凡夫心。所以，佛陀在人有二十难中说"**触事无心难**"。

许多人总是在烦恼中度日，因为以曲折之心去比较，对人事起了分别心，比如工作上计较自己做得多、别人做得少，这是"骄慢心"；或者认为别人做得多没什么了不起，自己做得少也不觉得惭愧，这是"卑劣慢"。不管是骄慢或是卑劣慢的心态,这些都是烦恼。

人生应该"随分随力",有多少力量做多少事。能够如此,才不会在人我是非中触事而心生烦恼。

无比较心即得安乐

在"庄子"这本书中,有一个故事说:北海有一条身长好几里的大鱼,活了几千年,有一天忽然刮了一阵大旋风,这条大鱼顺着旋风竟变成一只大鹏鸟。大鹏鸟身长也有几里长,它乘风振翅一冲,便能飞腾到九千里的高空。它从北海飞到南海,需要花半年的时间,在这半年当中,它不停地飞呀飞,从高空往下一望,看到白云朵朵,如万马行空一样;再抬头看,则是一片无边无际灰茫茫的天空,除此之外一无他物,经过六个月的飞行,它终于到达了南海。

此时,地面上有只小麻雀,看到了大鹏鸟,心想:飞得那么高,何必呢? 虽然有那么大的身体,要到达南海还不是得不断地辛苦飞行? 像我身体小巧玲珑,飞行的时候可以轻轻松松地,只要一枝小小的枝桠,就可以作为栖身之地,累了还可以到地面走走;如果想飞高一点又飞不上去时,干脆就降落到草地上,这样也很逍遥啊! 大鹏鸟也没什么了不起。

这是一则故事,至于是不是真的有这只大鹏鸟并不重要。重要的是小麻雀和大鹏鸟在比较的心;是否它真的比较逍遥自由呢? 其实,这只小麻雀是因为自己的体型、力量太小,无法像大鹏鸟般一飞冲天,所以说些自我安慰的话。这也正是酸葡萄——卑劣慢的心理在作祟。

事实上,大鹏鸟的身体大,两翅张开便有几里长,它若不冲向高空要如何飞行? 如何生活?

而且有那么大的身体,便有极大的力气,自然能飞得高,并不是刻意卖弄才华。然而小麻雀虽然小巧,但小巧有小巧的好处,因此小麻雀无需和庞大的大鹏鸟比较,大鹏鸟当然也没有必要羡慕小麻雀的逍遥自在。日常生活中,凡事要量力而为,事过境迁就让它过去,不要老是记挂着那些烦恼的往事。

我常常提醒周遭的人,杂念要随着时间一起消逝;过去的事再去想它,便是杂乱心,就是烦恼;忽略现在而寄望未来,则是妄想心,何不好好把握当下的这秒钟,把一句话讲好,把一件事情做好。

我们走路虽然脚是踏着大地而行,但是脚底永远不会黏在地上,而是踏落前脚、抬起后脚,这样才能向前迈进。原本单纯的生活,何必一定要"触事生心"把它复杂化了呢?

佛陀说："**触事无心难**。"只要能回归自己的本性，也就不难了。不要把单纯的事复杂化，若能把复杂单纯化，生活自然轻安快乐，在宇宙天地间，我们不是常常都"无心"地过吗？像我进大殿时，大家看不清楚彼此的脸，因为光线还很暗；等到日出时，就可以清楚看到了。这前后不过半个小时，有谁会记得自己是在哪一秒钟开始看清了对方的脸？是不是大家都"无心"地过？能触事无心，才能逍遥自在啊！

广学博究难

一个学道者，要能够专心地学习是很困难的；能够专心，又能用心深入研究就更难了，所以说"广学博究难"。

平常人只讲究"广学"；想学的事物很多，但都不能持久、不能深入，刚学会了一点皮毛，就想换别的试试。一天到晚心不能精、行不能专，整天都在玩花样，可是却没有一项真正做得像样。所以，有句俗话说："十学九不成"——虽然学得多是"广学"，而缺点就是无法"博究"。

做任何事都需要耐心、专心！具足了耐心，即使是一件很艰苦的事，也能够坚持到底学下去。能够专心研究，便能"一理通，万理彻"；一种道理精通了，其他的道理也都会触类旁通，处理事情也就更得心应手。问题就是我们经常不能专心，所以无法对道理了解得很透彻。

以管窥天徒自扰

战国时代,有一位自认为"通今博古"的人,他常表示精通过去的书籍、人物、历史,又可以出口成章;甚至对于当前社会的种种,他也自认为全盘了解。

有一天,他心想:社会上的人都很称赞庄子,却没有人知道有个才华过人的他。因此,便想去和庄子辩论一番。他抬头挺胸,非常贡高我慢地怀着自以为博学多闻的心态,到庄子的住处去。一见到庄子,就把自己所学、所知道的一切,如江水一泻千里般地高谈阔论。庄子只是微笑着,不发一言地听他讲;等到他把想说的话都讲完了,庄子便以温和而郑重的态度回答他的问题,反驳他不周到的理论。

这位自以为通古博今的人,听了之后非常吃

惊！他以为天下只有他最了不起，最了解一切事理，当下他才知道：原来自己所知道的只不过是浮面、浅显的道理，真正有深度见解的是沉默稳重的庄子。听了庄子那精简而微细的分析后，他心中的高傲之气完全被折服，也才知道普天之下，原来还有比他更了不起的人。

后来，他去找一位同修的学友，并告诉他这件事："我错了。原本自以为学问渊博，懂得高深的道理，现在才知道，庄子的学问才真的是'学如深渊'啊！"

他的朋友笑他："你呀！竟敢以自己的学问、思想去和庄子辩论。"又说："庄子是一脚踩在青天，一脚踏在黄泉，通天文、彻地理的人；他高深的学问，实在难以测度。其实你所见识到的，就像是'以管窥天'一样，还没有看到全貌哪！"

看了这个故事，想想自己平日又学了多少

呢？自以为通今博古的人，到底又"通"了多少？那位傲慢的人，确实也学了不少。为什么不如庄子？只因庄子是一个生活淡泊、精神快乐、逍遥自在的人。从庄子"逍遥游"之中可以看得出来，他的生活是那么地逍遥自在！两者之间的差异，在于执著"闻学"与"闻学知行"的不同。

"有心"还要"用心"

学佛也是一样，要能学以致用。在日常生活中，原本人人都能过得逍遥自在、人我无碍。曾经有两位记者听我说了"触事无心"之后，提出一个问题："师父教人要'无心'，可是后面又叮咛一句'请大家多用心'，这两句话是否相互矛盾？"

我对他们解释道："真正用心到最透彻的时候，就是无心。"

我问他们："刚才你们跟着我到慈济医院二

期工程的工地,又跟我到三楼去参观,也到纪念堂及地下室去;在上上下下之际,你们可曾用过心在你们的脚步上?"

他们说:"没有!"

我说:"你们到复健科去看看那些正在做复健的人,他们很用心地想要站起来,可是多难啊!有的想要把手举起来,可是用尽心力才能勉强将手举高。"

"我们平时走路,一点都不必费心就能走得轻巧自然;事实上,平日一切的举动都是小时候曾经用过心,现在才能很自然自在地运用于生活中,这便是'用心的极致,就是无心'的说明。健康人步履自在,可以不必刻意用心;而有病必须复健的人,却需时时用心啊!"

日常生活,应该可以逍遥而无烦恼,可是为什么人人都有层层叠叠的烦恼呢?因为看别人的脸色会起烦恼,听不好的口气也起烦恼。其实,他人根本无意让你烦恼,而你却偏偏把它记挂于心,才会产生种种烦恼。如果常常牵挂外境,遇到这件事,便认为他是冲着我来;碰到另一件事,也认为那是他故意为难我,那么这个"我"的生活就太痛苦了!

"学",就是要学得化烦恼为智慧、化有心为用心。只想要多方面学习,只是"有心"而已,并非真正用心。庄子时时刻刻都在用心,所以学得很透彻,又能把所学的融入生活、思想、文化中;"学"的深度,便在这里。日常生活中,每一样都是我们该学习的目标,而且要学得很自在,也用得很恰当自然,这就是深度。

那位称赞庄子的学者,评论他那位骄傲的朋友是"以管窥天",说他的朋友看庄子,就像是拿着竹管子看天一样。又称许庄子是一脚踩在青天、一脚踩在黄泉,不只是了解天下宇宙的道理,就连生死的难关,也都知道得很透彻。庄子是如此,何况我们学佛的人,更应该以超越透彻的态度去学习;不只要"广学",还要用心去"博究"。学佛的路上有很多难关,必须要能通过考验才会有所成就。

"广学博究难";我们要以虔诚宽广的心去学习。宇宙人间本就森罗万象,要通达很多常识才能适应生存于人间;若所知粗浅,绝对无法和大家和谐相处。因此,人必须学习很多事情;尤其想超越人生更上一层楼的人,更要广学博究。

博究勿忘广学

"博究"的确困难,不过以现在的社会情况来说,却刚好相反;因为现代人,有很多是"博究"但不"广学"。现代的科学、知识很深奥,大家在求学时,要选定自己感兴趣的科目,而且要专心攻读这个科目。譬如说"学医",单是"医学"这个科系,就有许多细目要分。选了外科,就得专心研究,时常做解剖的工作,然后才能运用于人体;有了丰富的经验,才能真正走入临床的工作。

而外科又细分很多科,如一般外科、胸腔外科,还有整形外科、脑神经外科……单是外科就分成这么多种。一般外科门诊,若来了一位头部受伤的人,医师可能不敢接诊,因为头部受伤是属于脑神经外科处理的范围;虽然他们研究得很专精,但却不广泛,所以和"广学"正好相反。

过去的人是什么都要学,但是每一样都学得不彻底;而医生所学的知识,则必定要一门专精。人生就是这么难于完美,普通人每一样都想学,却没有一样能彻底学好;而专业的人,所学的知识很专精,但是又隔行如隔山,这实在也是一种缺憾。

至于信仰方面,有些人一开始学佛就分宗别派,有人说:"我要学的是净土宗。"有的说我选择禅宗或者密宗。念佛修净土法门的人,有些只把一句佛号念到底,而不愿意再去研究法理,因为他认为文字是多余的,并且认为只要一心念佛就行了,何必打坐?而禅宗的学人,有些则认为学禅可以放下屠刀、立地成佛,一打坐就可以脱胎换骨,以为入定的境界就能超凡入圣;甚至诵持、礼拜也都各有偏执。大家都学得专,但却没有更进一步去体会全盘的真谛。

信仰虽异爱心皆同

不同宗教信仰的人在一起时,难免产生彼此知见的差异。有些佛教徒会排斥佛教以外的宗教信仰者,认为佛陀的圣教超越一切,佛陀的智慧是涵盖宇宙天地的大智慧。而其他的宗教也会排斥佛教，或其他与自己信仰不同的宗教。像天主教或基督教的信徒，认为信仰上帝的人一定会得救，不信的人则会堕地狱。所以，因知见的差异，常会引起纷争。

常常有人问我："法师，佛教和其他宗教有什么不一样吗?"我都这么回答："只要是正信的宗教，其目标都是一样的，就是'爱'。天主、耶稣，都以博爱的精神来爱世人;佛教讲慈悲，所谓蠢动含灵都是佛陀所爱的对象。所以，只是名称不同、研究的经典依据不同，至于最终的目标应该都一样，可以说是殊途同归。"

宗教应该像大海，所有的小溪、河流都能归流于大海，宗教的精神应该是这样，所以我们要广学。若只认同自己信仰的宗教，又加以强调、偏执，那就不是正确的信仰态度。

孔子不语怪、力、乱、神,他不喜欢谈怪异、凭势仗力的事,也不谈扰乱人心的话。世间的圣人都已如此,何况是要超越世间的宗教?学佛者应该要"广学",而且也希望能"博究",才能知己知彼;就像知道自己的脾气,也要知道别人的脾气,不能说:"我的脾气本来就这样嘛!"要人家都来顺着你,那是不可能的。我们要先去了解别人的性情——"当他生气的时候,我就少说两句;等他气消了,我再和他评理。"若是这样,那么事情都会很圆满,也才是"广学博究"的心态啊!

希望人人学习时,要打开心门,了解自己,也了解别人。

■

除灭我慢难

■

佛陀告诉我们，人要具足深度及包容心非常难，而学佛就是要学这分"深广心"。深广的心，要从何练起？在精舍听着从远处传来的佛号声，可以想象出朝山者三步一拜的身心形态；这分虔诚的信念像一股清流，可以洗涤、渗透极为烦杂、浮动的心，使它安定下来。修行就是为了调心，使浮动的心变得澄清、稳重。要拥有这分深广心，就必须先去除"我慢"。

前面说过，一个学者要做到"广学博究"的确非常难，这表示心不够开阔；况且即使心量宽阔，也很难做到广学博究。因为每个人都有浮动的心念，要很专心地做好一件事，实在是不容易。

佛陀又说："除灭我慢难。"人心通常都会贡高我慢，少有愿意低声下气的人。如果在日常生活中，能以平常心去对待他人，就能时时轻柔温和；如此，这个社会及每个家庭，必然变得祥和而美满。

心净则国土净

看看现在的社会,总让人有股动荡不安的感觉,为什么会如此呢? 因为人心无法安定下来。人家叫喊的时候,也盲目地跟着喊;气势一个比一个强硬,声音更是一个比一个大声,才会让人觉得这个社会非常复杂和不安定。

回过头来听听精舍外朝山者的念佛声,听在耳里,让人觉得非常轻柔,像是一股清流,可以洗涤人们心灵的热恼;再看他们朝山的动作,是那么的整齐划一。同样是一群人,但是和电视上所看到的混乱画面,差别多大啊! 同样的社会,为什么生活态度会差别这么大呢? 因为那群叫喊、争斗的人,抱的是瞋嫉我慢的心态;而朝山礼拜、走入慈济世界的人,所抱持的是慈爱、宽大、深广的心态。

　　慈济人除了为后代子孙建立一个美好的世界外,也为自己的精神、思想而努力地自我净化,将自己的心灵照顾得完美、明净,所以看起来是那么地宁静安祥。他们虔诚念佛、礼拜的心灵境界,就是一种真善美的呈现。所以说,"即心是净土"。

骄慢是必除的杂草

　　曾有一群作家来访时表示:"现在的社会中,要找到甘于平凡、平常的人已经很难了。因为现代人一个比一个能干(刁蛮),社会也因功利竞争而变得愈来愈紊乱。"

　　其中一位作家说:"某一天,一位朋友来找我聊天时,告诉我说:'希望我的女儿,将来找个身体健康,心理也健康的结婚对象,那我就很满意了。我不希望她去找个很能干、很伟大的对象。'"

我说："身体健康就是福，心理健康、思想平和就能安稳；能够过着健康、安稳的生活，便是最幸福的人生。"

但是凡夫偏偏都有贡高我慢心，所以佛陀在人生二十难中，第十二难便说"除灭我慢难"；要能广学博究又无骄慢心，那就更难了。这两者都能做到，才是真正超越人生境界的贤人；若存有贡高心，即使再能干也只是凡夫而已。

就像一块稻田，纵然土质肥沃，可是地面若长满杂草，就无法让秧苗生长得好。种田的人在施肥之前，必定要先去除杂草，稻穗才会结得饱满。一个人不管多能干、学问知识再渊博，如果有了贡高我慢心，再好的学识也会被这种坏习气所毁掉。

学佛就是要好好地去除贡高我慢心，必须像

朝山者一般"心口合一",让心灵流过一股清泉。正如寺院里每天清晨上早课,每个人的心境都非常清净,将我慢、杂念心去除,以全部心力追求佛法。如果日常生活中,都能抱持这种心念,立志改掉傲慢的心态,培养宽爱宏慈的心量,我想虽然佛陀说"除灭我慢难",其实是难亦非难啊!

所以,在日常生活中要好好自我警惕,反省自己是否有瞋、嫉、贡高、我慢的行为?讲话是否太大声?是否自以为高人一等?如果有这些心态、行为,就要赶紧把它降伏下来。能够如此,就会像一畦已经除过草、施过肥的田地一样,必能有丰硕的收获。

不轻未学难

人通常都自命不凡，也因为自以为不凡，所以常会轻视他人。佛陀说："不轻未学难。"因为凡俗之人稍有名气，则或多或少都有贡高骄傲的心态。

自命不凡造成社会不安

看看现在的社会情势，多么令人不安！因为社会上有太多自认不凡的人，他们认为自己高人一等，因而引起一些同样不肯屈服认输的反对者出来抗争，所以叫喊示威的声音就越叫越大了，结果让人觉得社会充斥着一股暴戾之气，人心也跟着烦躁不安。接着而来的就是拳打脚踢，如电视画面上看到的议场暴力，难怪很多人对台湾产生担忧之心！

社会不安定的原因就是——自命不凡的心态在作祟，大家充满了自大我慢之念。其实，现在的社会倒是很需要平凡的人。大家若自认平凡,声色自然就会柔和,会相互谦虚礼让、彼此敬重。如此,社会自然平和安详;我们的社会,就是需要人人抱持平常心。平凡,才能身心安稳;平凡,才会自在快乐;平凡,才会彼此相互敬重。如此,生活的环境品质就能提高。人生所要追求的该是这种互敬礼让的生活,这才是美丽安和的人生!

但是,我慢心实在很难去除。每个人要将几十年的习气去除,必定要下一番功夫。所以,佛陀才说:"**除灭我慢难**。"正因如此,才要下一番苦功夫;若是不难,那就不需要费心了。

未学并不表示学不会

其次,佛陀谈到"不轻未学难"。很多人不只我慢心重,还时常会轻慢他人,自以为比别人能干，学问也比别人好，而主管却让他做那么卑微的小事，于是他的心态常常不能平衡；而且，此种习气还根深柢固。若看到别人能力稍差，自然容易起轻慢之心。自以为博学多闻的人，要他不轻视未学之人，确实很难。其实，世间没有天生的博学者，博学也需要靠时间的累积及环境的培养。未学的人，并不表示他永远都学不会，只是还未开始学习罢了。因此，我们要常常抱着敬重他人之心，不可轻视未学的人。

佛陀说，世间有四件不可轻视的事——

第一、火苗虽小，不能轻视。因为星星之火，可以燎原啊！

第二、王子虽小，不能轻视。过去是君主世袭的社会，王子虽小，将来长大也会继承王位，统领天下臣民，所以不能轻视。

第三、龙子虽小，不可轻视。过去的人，认为四季能够风调雨顺，都是靠海龙王的恩赐；下雨或是晴天，都执掌在龙王之手，这是古人的思想观念。人，生活于天地间，须靠五谷滋养生命；若风雨不调，五谷便会欠收，人民就要挨饿。所以，古人对龙王总是怀有极为敬畏的心态。而龙子虽小，总有一天也会呼风唤雨啊！

第四、沙门虽小，不可轻视。从小就出家的人，虽然现在还年少，但是随着年纪的增长，若能用心体会佛法、增长佛法智识，将来也能于大众中说法度生，是未来的天人师。所以，出家人虽然年幼，但也不可以轻视。

由此可见，佛陀的教育，是要我们时时存有一分尊重他人的心。世间有很多微细的人事物，我们都不能有所轻视。

黄帝也不敢轻视牧童

古时候,黄帝有一次到具茨山看大隗。他带了六位同伴向目的地行去,可是在途中迷路了。正当不知何去何从之际,巧遇一位放牛的牧童,黄帝赶紧趋前问道:"具茨山要往哪个方向走,你知道吗?"

牧童说:"知道呀!"于是就指点他们路途方向。

黄帝又问:"你知道大隗住在哪里吗?"

他说:"知道啊!"

黄帝吃了一惊,便又随口问他:"看你年纪这么小,但是好像事情知道得不少啊?"接着又问道:"你知道如何治国平天下吗?"

他说:"知道,就像我放牧的方法一样。只要把牛的野性去除,一切就平定了呀!治天下不也是一样吗?"黄帝听了非常佩服,真是后生可畏,这个小孩真是不可轻视呀!原以为他年幼无知,没想到这个小孩从日常生活学来的道理,就能理解"平天下、统治人群"的方法。所以说,我们在日常生活中,对人对事都不可轻忽!

佛陀说:"**不轻未学难**。"每个人的潜意识,都有轻视他人的心态。所以,能够完全做到不轻视他人,是一件很困难的事。而我们既然学佛,不但不能以此为难,还要好好尊重别人并调伏自己。见到人要有尊重之心,不只对老人敬重,就是年幼的孩子也不能轻视,因为他们将来会成为国家社会的栋梁。

所以,在日常生活中,若能时时刻刻存着这分敬重之心,则"敬人者人恒敬之,爱人者人恒爱之"。

心行平等难

前面谈过"不轻未学难"。对人一定要平等，而且要尊重别人；如果有了贡高我慢的心，时常自以为高人一等、比别人能干，那就大错特错了。但是若因某些工作自己学不会时，就认为"能干是你的事，学不会是我的事；你不用看不起我，我也不必看得起你"，这又是"卑劣慢"，同样也是不对的。

聪明不等于有智慧

学佛者，要学会时时尊重别人。纵然自己才高八斗，也不可以轻视学识低的人。俗话说："行行出状元。"不一定懂得很多理论的人，才能发挥良好的人生功能。若懂理论却不懂事相，那也是无济于事呀！

有些人虽然不懂什么长篇大论的道理，但是他知道如何做人、做事。知道如何做人，就是好人；懂得如何做事，就是好事。没有做错事，也没有做坏人，这样的人生就是美好的人生。

现在的社会，有很多所谓智慧型的犯罪者。他们懂得很多理论、很会钻法律漏洞，因此犯的都是骇人听闻的错误。所以，我们不要自以为聪明而轻视别人。在世间不光是要"不轻未学"，而且千万不要有"慢心"——能干者切忌自我贡高，而能力较差者也不可自觉卑劣，因为这两者都容易漠视人与人之间的感情。

学佛先要觉悟世间的事、理，而且必须事理圆融。若能事理圆融，就能广结善缘；若是只懂得教理，而不能和别人和睦相处、不得"人和"，这就不是真正的觉悟。真有智慧的人，能够扩大心胸、容纳一切人与事物。所以说，器量宽宏的人，就是福慧具足。

"器量宽宏"就是度量宽大，可以包容他人；

好的会欣赏,坏的也能容忍。就像上天覆盖众生,土地承载万物一样;有天地般宽阔的心胸,才不会有贡高或卑劣慢的心态,这就是出于内心的福德。

亲疏平等对待难

另外,还应努力的是"心行平等"。佛陀说:"心行平等难。"凡夫的心行要保持平等,确实不易。但是,我们甘于做凡夫吗?人人都希望超凡入圣,学佛就是要学得心如天地,任何微细的物类都不会被轻忽;再大的物品,大地还是稳稳地承载着。

我们的心地要像天地乾坤一样,不可排斥任何微细之物,也不可拒载重物。总之,心量要宽大;不管富有、聪慧或是贫困、愚钝的人,我们都要以平等心对待他们,尊重爱护他们,这就是"心行平等"。

但是，佛陀说"心行平等难"，可见凡夫的习气很重。现在很多人提倡爱心，可是要人不起烦恼，看待事物的心行完全平等，却也不是一件容易的事。一般人都有自己特别喜爱的人，关心自己所关爱的人；在社会上，这种情形是很平常的。孔子也有特别关爱的弟子。孔子是位圣人，为什么他也有"最爱"呢？因为颜回听了孔子的教诲，可以闻一知十。子贡曾说："我是闻一知二，但颜回却是闻一知十。"所以，孔子对于他的弟子也有高低之分；分别的标准是依照他们能接受多少教诲而定，这就是"分别"呀！

为无缘、有怨者祝福

人要做到完全平等待人的程度，实在是很难；连孔子都难以做到了，更何况是凡夫的我们？甚至，佛陀对他的弟子也有亲疏之感，如对阿难就觉得很亲近，因为佛陀的生活起居都是由阿难服侍；而对提婆达多，他却有无可奈何之感。

阿难非常体贴佛陀，佛陀的举止行动对阿难而言都是最重要的引导指标；提婆达多则是处处想要陷害佛陀，但是佛陀对提婆达多的迫害却毫无怨嫌，反而加以包容。我们读《法华经·提婆达多授记品》可知，提婆达多将来也会成佛，尽管佛陀能用平等心以德报怨，但是在生活当中，他也经常觉得无可奈何！连佛陀也有这种难题，更何况现代的凡夫呢？

不过，我们要学习佛陀的包容，以德报怨；即使是顽劣的弟子，佛陀也会帮他授记祝福！所以，对于无缘、有怨的人，我们要默默地为他祝福，祝福他将来得大福德。若能如此，则叫做"心行平等"。因为世间万物,本来就无法很平整;若万事万物都平平整整,那就不是人间了。人间有高山深海、物质有大也有小,外面的建筑物高低不齐,连庭院青翠的草木也是高矮不一呀! 这和人心一样,人心也有高低、软硬。

不过既然要学佛,就要尽量自我警惕,把自己的心念调整好,对人只有关爱而没有怨恨之念。虽然对某些人觉得无可奈何,但是也要本着宽宏雅量相待,不可有怨憎之心。我们对一个人抱着"无可奈何"的心态,表示还有教导对方的心量;若是恨他、怨他,就会结下更深的不善缘,今生、来世、无数生的恶因也就会连绵不绝地结下去。

培养无分别心

春天的气候多变化,昨天是风和日丽的天

气,而今天却又风雨绵绵!自然界的变化如此之大,人心也是如此。佛陀常常这样告诫我们——要心静如水,但是水面也难免会起波浪!

佛陀说:"心行平等难。"要每个人面对外境时,心念完全平等,这确实是很困难。譬如昨天的天气与今天的天气明明是不一样,若硬要说一样,的确很难。外面明明有鸡啼鸟鸣的声音,若要说成寂静无声,这也是难呀!

其实,外面的境界产生变动时,我们的心自然也会随境转动,这是很正常的。冷、热、风、雨,随着外境的转变,我们的身心也都会起分别作用,但是佛陀说:要没有"分别心"。

如何才叫做无分别心?许多人热衷于修行,有人喜欢跑道场,认为修禅念佛才能达到修行的超越境界;甚至认为自己修行的法门才是真正最究竟的,才是佛陀的教法真传。而慈济的委员都很认真地做慈善的工作,不畏辛苦、尽分尽力地去劝募、救济,却有人批评:"你们懂多少佛法?你们只是修福而没有修慧!"像这样,就是起了分别心。假使我们的委员也和他们唇舌相争,说:"我们做的救贫是修福,教富就是修慧啊!像你们只顾自了,那是有慧无福,有什么用呢?"若是如此,也是叫做分别心。

我们要知道,佛陀的教法有八万四千法门,这是为了普应社会大众的需要,修行人要顺应环境而不随之转动。我们有这个因缘生于人间、得闻佛法,又能造福人群,要懂得惜福惜缘。大家和志同道合的人要相互珍惜缘分,努力地造福人群,成就菩萨的志业。若没有这分因缘,也没有相同的志愿,就不要和人争执或勉强他人,这便是无"分别心"。

施受贫富皆平等

佛陀在世时,不断地鞭策弟子:"行布施时,要以平等心去布施;受施者,也应以平常心受施。"当时印度人的贫富差距极大,现在的印度仍是如此。大家若去印度观光、朝圣,就会看到许多流浪街头、衣衫褴褛的人,像这样饥饿贫困的人,到目前仍是存在;而富有的人,却能用金银玉器来装饰他们的华厦。自古至今,印度人的生活还是没有多大的改变。

当时,佛陀和僧众接受国王、大臣们所供养的佳肴美味时,也是抱着平常心接受;只要填饱肚子,佛陀就欢喜感恩地为他们说法,从不多求。那时也有极贫困的人,像贫婆身无一物,但是很想供养佛陀;她看到大家以油灯庄严佛陀说法的道场,于是剪掉自己的头发换来一盏油灯供佛,佛陀对她同样是无限地赞叹。因此，受供养的人，不管有钱人布施的物品有多好，没钱的人以何种心意供养，都应以同等的心——感激与感恩来回报，这是受施者应有的"心行平等"。

以布施的人而言，比如：有钱人以金缕衣诚恳地供养佛陀，而贫婆从身上的旧衣撕下一块布，也是尽她所有，以最虔诚的心来供养佛陀。两位布施者都以虔诚的心，尽心尽力供养，这也是"心行平等"。

供佛与施贫功德平等

过去，弥勒菩萨供养难胜佛之后，又布施一位乞儿，然后把剩余的东西给狗吃。那时难胜佛看到了，就非常欢喜地赞叹弥勒菩萨说："供佛和布施乞儿与狗，功德平等。"因为他供佛时，是以恭敬心供养；布施乞儿是抱着怜悯心、爱心；而布施小狗时，是以施舍、无所求的心来布施。所以难胜佛说，布施狗的功德和供养佛的功德平等。

但是，一般人都说："我们布施给修行得道的人，功德比较大！"其实，要看布施的人是以何种心态布施；最殊胜的布施，是不计代价的付出且不求回报！虽然供佛的功德很大，但是若存有求取功德的心态，就不是心行平等的供养。

记得很多年前，道源老和尚仍然健在时，有人请教他一个问题，说："我听说做慈济的人只修福、没有修慧，您认为呢？"

道源老和尚说："布施给贫困的人，和供养法师的功德平等；甚至布施贫困的人，功德比供养法师还大，是福慧双具！"这是道源老和尚回答信徒的话。

有人觉得很奇怪，为什么布施给贫困的乞儿，比供养法师的功德还大？道源老和尚说："因为供养法师,往往是抱着有所求的心;而布施贫人、乞者的心是无所求的,只因这分平等、诚恳的爱心,由慈悲而生智慧,所以功德很大。"由这个例子,我们就可以知道什么是"心行平等"。人多数时候都有分别心,若能尽力而无所求、不起分别,才是正确的修行心态,也才是真正的"心行平等"。

不说是非难

清早的气氛让人觉得精神清朗,小鸟的叫声让人愈发感受到大地的静谧;但是一阵火车经过的隆隆之声,却破坏了这宁静自然的气氛。"声"是日常生活中必然会接触的境界,如自然界的微风细雨、鸟叫虫鸣的声音,它是优美的;而机械噪音和人们开口动舌的杂音,则是人为的音响。

修养在言行举止间

日常生活中,有两种表达感受的方式,那就是"声"和"色","声"是指言语声音,"色"是表现于外的举止形态。言行举止能让人起欢喜心,就表示这个人的修养好;相反的,若令人不悦,则表示这个人的修养还不够好。

以谈话而言,我们要把音量控制得宜,以彼此的距离来衡量音量的大小,通常以让对方正好听得清楚最为恰当。若声音太小,使对方无法听清楚,这是不尊重;如果彼此相距不远,可是说话的声音太大,不只是失礼,也会吵到别人,这就是没有修养。想想,连讲话的音量控制都有这么多学问,何况还有其他的动作习气要改。

人们总习惯以自己的好恶待人。若对某人有好感便赞叹他,即使他有缺点也会帮着掩护,只说好的一面;若对某人没有好感,那么即使他有很好的才干,也会被埋没!只要他有一点点的缺失,就紧抓住这个机会来毁谤他,这就是我们的口业——随着内心欢喜或厌嫌所表现于外的言谈。口舌是传达人们思想心念的关卡,而一般人开口动舌都是在谈论是非,不可不慎!

真理非语言能说尽

佛陀说:"不说是非难。"凡夫不谈是便说非,要人们不说是非实在很难!佛陀又说:"大道无言说。"真正的道理，也是无法用言语来诠释。就如我平时讲给大众听的道理，是不是最正确的呢？若想想这句话——"大道无言说"，那么我平时讲的也不是最究竟的呀！

不过话又说回来，有很多事情还是要用语言来表达；如果没有语言的沟通，如何传达彼此的情感呢？修行就是要修到言谈之间，能使每个人"气和"、"心定"；达到这样的境界，才是真正的学道。

《庄子》一书中，有则小故事——有位名"泰清"的人，去访问"无穷"，无穷是位有道之士，泰清问无穷："听说您的道行高深，既懂天文，也懂地理。我想请问您——天之大道，您晓得吗？"无穷回答："我不知道"。

泰清不惜路途遥遥来访，所得到的回答却是"不知道"，因此他很失望。后来又有人向他推介"无为"这个人，他也请问无为："天之大道，你是否了解?"无为很快地回答说:"知道呀!可贵可贱,可大可小谓之道。"这几句话,他仍觉得不太满意。

于是,他又再去找一位叫"无始"的人。泰清告诉无始自己的访道过程,并且请教无始说:"他们一个说'不知'、一个说'知',到底哪一个对呢?"无始回答:"知与不知,知是浅显的道,不知才是深远的道;因为真正的道,不是用言语所能宣说的。天地宇宙的真理,能说的只是其中的一点点范围而已,实在无法说尽天下的至理。"

由此可见,有道者对于听和说并不刻意去表现,他无所求,因为并不是光靠音声言语就能道断(尽)一切。平时讲话若无法传达透彻的道理,不如不讲的好。

公平待人不存偏见

人与人之间的言谈交流,必定要格外小心,

注意自己对人是否有平等心。如果心有所偏,那么,好的可能被说成坏的,坏的也会被说成好的;这种偏见之言,会导致别人对被批评的人产生误解。所以,我们对人的看法要很公平,不可随着自己的好恶来议论。

另外,如果是自己不知的却偏要说知道,那就是不量己智。这不但会让人嘲笑,而且常会说错话。日常生活中要多用心,不要以为开口动舌很简单,心想:"我又没有骂人,随便说说有什么关系呢?"有关系,因为道在口中呀!

佛陀在"二十难"中说:"不说是非难",而我们要在此"难"中把它转为"不难"。像前面提到的,有时候要说也不对,不说也不对,那要如何呢?这就要多用心了!

会善知识难

人生的是是非非,永远都存在于日常生活当中,所以说:"不说是非难。"

我们学佛若能拨开成见,则万事万物无不是佛法。古德云:"大道无言说。""道"绝对不是用语言所能表达的,但是只要我们用很单纯的心、很纯真的意去行动,则无一不是佛法。

佛陀曾说"会善知识难",离是非恶友的确很难,然而要和善知识相会更加困难。什么叫"善知识"? 就是能启发你的良知智慧的人。在你陷于烦恼之际,他可以开导你、解除你的心结,使你从凡夫黑暗的一面,转向圣人光明的境界。但是,世间能劝导化解、圆融人我是非,并降伏我们烦恼的善知识有多少呢?

成见不除则善言变恶意

向外寻求善知识确实非常困难,设若找到这

么一位善知识,而自己的心无法断除成见,那么即使再好的人在面前,我们还是无法吸收他的知识与教化。所以说,"成见若迷茫,则法界善知识难逢。"

人人若能将成见去除,则善知识所说的话就能解除人我是非的烦恼。修行就是要保持天真的本性;如有"妄念",就是不真实、有迷惑。有些人说话的本意很好,而听者若用妄见的是非心、烦恼心去承受,那么明明对方是一片善心,以爱心给予教导,但是我们却扭曲了他的一片好意,以是为非。

我们经常会如此,虽然别人说的是真话,但心中还是会起疑,猜想他对我有偏见;或者是看到他人在交谈时,就以为是在谈论我的是非,在毁谤我、中伤我。这就是自我产生的是非心,也就是妄见与痴迷情结;若不去除妄见,那么再好的佛法呈现在我们面前也无法接受。

所以说,我们要以纯真的本性去面对人间世事;若能如此,即使是鸟叫、鸡啼……一切都是佛法,这些声音都能启发人心于纯真无邪,因此也都是法音呀!

在日本有则故事,编列在小学的教材中,用来教育心灵单纯的小孩,故事如下——

有一位猎人拿着枪要打树上的小鸟,有一只蚂蚁,正好在此时咬了他一口,以致猎人在举枪瞄准时晃动了一下,小鸟因此得救!为什么会如此呢?原来那只小鸟曾看到一群蚂蚁在水里拼命挣扎,当时,这只小鸟咬了一片叶子丢到水里,使水中的蚂蚁全部获救,所以当猎人要打小鸟时,蚂蚁也赶来救它。日本教育单位以这种方式来教导幼小天真的孩子,让每个孩子的内心都能保持人性的天真,拥有"种如是因,得如是果"的观念。

众生皆可为善知识

中国也有一则故事——

在晋朝时代,北方有一位十一二岁的小孩叫毛宝,他家很贫困。中国大陆的北方,冬天会下雪,气温很低。有一天,毛宝到江边看人家捕鱼,鱼网收回来时,里头有一些鱼以及一只非常可爱的小白龟。渔夫抓起小白龟惊喜地说:"太好了!难得有白色的龟,瞧它白得发亮,一定很值钱!"

有人要买了它煮来吃,也有人想买它去展览赚钱。于是毛宝对白龟生起一分怜悯心,请求渔夫把它放了。可是渔夫认为难得抓到这么珍贵的白龟,无论如何也不愿将它放生。小孩注视着白龟,而小白龟也抬头望着小孩,眼里充满求救的神情。小孩心里起了无限怜悯,于是就把身上的外衣脱下,用双手捧着高举过头,并且双膝跪地,真诚地拜托渔夫放走小白龟,而他愿意以衣服来抵偿。

渔夫看到小孩子这么有善心,非常感动。尤其在冰天雪地中,他竟把身上唯一较厚的衣服脱下,这分赤诚的真情打动了渔夫。但渔夫却也不愿意有丝毫的损失,便把毛宝的衣服拿走,才将白龟给他,说:"这只白龟不只值这件衣服的价钱,但是你的赤诚感动了我,所以只好跟你换了。"

小白龟得救了,毛宝很高兴地把它抱在怀里说:"你得救了!虽然我受寒风透骨的苦,但幸运地换取了你的性命,这也是值得呀!"他们像是极为要好的朋友,小白龟似乎听懂小孩的话,感激得流泪了,并且向小孩点点头,于是小孩小心翼翼地把它抱到江边放生。

二十年后,毛宝已经出人头地,在朝廷官拜将军,经常在战场上获取功勋。有一次他和另一位将军一起带了万余兵马出征,但对方的兵力强盛,把他们团团围住。在九死一生之际,他带着幸存的兵卒突破重围,逃到了扬子江。当时后有追兵,前面则是大江,所有的船,他都先让士卒们搭乘,最后环顾四面,连艘小船也没了,而后面的追兵已到,他在情急之下,纵身一跃,跳到江中。

他在湍急的波浪中挣扎,正当危急之时,有个东西从水下把他托起来。他因体力不支昏倒了,等到醒来的时候,看见身旁是白茫茫的雪,而自己正躺在一只很大的白龟背上。他认出这只龟就是二十年前他所救的那只小白龟。它如同二十年前一样,流着感恩、报恩的眼泪抬头看着他。这真是不可思议啊!

他上了岸之后,大白龟依依不舍地离开,往河里去了,它不断地向前游去,但是仍然一再地回头看他、向他点点头,似乎因回报了他的恩德而深感安慰。

他非常感激，也深深觉得人与动物之间，感情竟能如此相契！为何同样是人，却要彼此侵扰杀害呢？他万分地感叹，人和动物都可以有相亲相爱的感情，为什么人们不能彼此敬爱？他由此看开了人生，于是舍官隐居修行。

佛陀说："会善知识难。"为什么难？因为很多人喜欢谈是非，以是非之心待人，常常对人评头论足。有了妄念成见，就有分别心。

对于喜欢的人就想占有，若有人对自己喜欢的人友好，他就生起醋意瞋心。像这样的是非分别，即是来自妄情偏爱。

有些人心中充满是非，却不知自我反省，若有人教导他，他却偏偏觉得别人是在讽刺他。以是非之心来分别人事情感，如此在社会上怎能得遇善知识？

刚才那两则故事是以赤子之心来看一切事

物,所以能和物类相互契合,而很多人却以妄念成见相待,因此和人相处时,也就免不了会彼此斗争伤害。

我们修行必定要回归纯然的本性,以宽阔的心胸迎接所有的人,更应缩小自己,去护佐他人。如能做到这样,则即使是稚童的一句善言,也能教育、启发我们;就连一个精神恍惚的人所表现的行为,也都可以给我们很大的警惕。

如此,世间万物的一切形态、一切声音,哪一个不是我们的善知识呢? 何者不能引导我们见道得法呢? 只要大家用心,以纯真正直的心去面对自然与人群的境界,就能心领神会。

孔子尚且不耻下问

常言道:"相识满天下,知音有几人?"由这两句话就可以得知,得遇一位益友或良师,的确很难。佛陀说"会善知识难",意思就是:若希望自己所遇到的每个人都是善知识、良师,实在很难。

来到人间,每个人所要学的实在很多,即使尽毕生之力也学习不完。孔子虚怀若谷、谦逊好学,凡是对他有所启发的人,即使是小孩子,他也甘拜为师。可见,贤人、圣人也都抱持"学无止境"的心态。

孔子说过:"三人行必有我师焉,择其善者而从之,其不善者而改之。"这也是好学的精神。三人同行时,必定有我可以师法的对象,是我的模范;他人不善之处则应自我警惕、反省,因为他表现出不好的行为,让我们能心生警惕,知道这样做会惹人讨厌,这种脾气、行为让人看了不会欢喜。这是最真实的现身说法,所以要感激对方。

品德好的人我们应该效法,他展现了人生光明的一面,充满了希望,让人欢喜、受人群称赞,而我们所要学习的也是如此。所以说，"三人行必有我师"。

但是凡夫的心态都是自我封闭的，自以为能干；若是自己不好，也会想："不好是我自己的事，何必在意他人的好坏，也不必去学习。"这就是凡夫心。所以，应该时时提起热忱的求知心，天天勤恳不断地学习。

彼此勉励即互为善知识

回想慈济创立之初，只有三十个委员投入，但这些人有共同的观念，大家愿意节省日常生活费，来发挥这分"爱"的功能。由于他们共同一心，相互看齐、勉励和参与，才有慈济这个团体的产生。几十年来，团体中的善知识不断地增加。

什么叫做"善知识"？像慈济的委员便是。他们一个影响一个，不断地将慈心善行扩大。他们在接触佛法、了解慈济后，先改变自己的人生观，然后影响周围的人，并和周围群众良好的互动，来证明自己人生的转变是正确的，也因此感动家人和亲友，这就是不断地互为善知识。慈济是个彼此教育、相互鼓励的团体，至今会员已遍布全球，可以说是相识满天下。

有位委员告诉我："有位住在荷兰的华侨，几个月前回台湾，他因为做了一个梦而想回台湾了解慈济精神。他曾跟着我到台中和台北分会，看了种种活动之后，真的被慈济人的精神所感动，所以他立下一个恳切的宏愿——不但要加入慈济，而且回到荷兰后，要立即展开慈济精神的宣扬工作。"果真没多久的时间，这位华侨在荷兰已经有一二十位会员。

我讲这件事的重点并不是说那里有多少会员，重要的是慈济善知识已经漂洋过海到异邦，在那边发挥慈济的功能及发扬佛教的精神。目前慈济人在西方各国，已开始把中国人的精神文化及所信仰的"无缘大慈，同体大悲"的佛教精神，弘扬于彼国！

"善知识"真的是难遇，但是在慈济世界中，善知识却是遍满天下。比如每每都有感人的朝山队伍，从大马路一直到静思精舍；从精舍望过去，蜿蜒绵长的队伍人潮，人们虔诚地礼拜，虔诚礼拜的行动也同时感化了许多人，这都是善知识。

外面下着蒙蒙的细雨，而大家却风雨无阻，无视地上的泥泞，仍以虔诚的心一路朝山礼拜。耳闻目睹这种场面，多么地动人，这就是慈济世界的美；大家都能相互鼓励、鞭策，每位都是我们的善知识。哪会有"善知识难遇"的问题，佛陀所说的"善知识难遇"，在慈济世界只要有心就不难遇。

慈济世界有很多感人的故事，这对一般人来

说是很难做到的事，但慈济的有心人却做得到，这才是真正可贵的人生。我曾说过，佛心是大慈悲心，菩萨心是大喜舍心；我们每一位都是佛陀的弟子，所以不能欠缺大慈悲心。

要达到佛陀的境界，必定要行菩萨道；要行菩萨道，就要喜舍；不只财物的喜舍，还要身体力行。哪怕是舍身命，也要为众生付出，这叫做"喜舍"；舍财、舍时间、舍去私爱，把小爱化为关怀普天下的大爱，这才是"喜舍"。

社会上若人人有慈悲喜舍心，则普天下哪一位不是我们的善知识？哪一位不是我们的老师、知音？

有人慨叹"相识满天下，知音有几人？"其实普天之下，人人都是你我的知音、善知识。时时刻刻抱着学习、追求善知识的心，则普天之下的人，都是你我学习的好对象啊！

见性学道难

　　佛陀常常教育我们——学道要以诚以实来学,但许多人却无法真正了解什么是道,所以佛陀说"见性学道难"。真正为了彻底明心见性而学道者,的确是很难得。

　　一般人刚开始发心修行时,总是很有自信,甚至追求道理也很热忱。但是人都有懈怠心和懵懂性。"懈怠"就是不勤精进,不能抱着"修行如初"的心。如果能经常抱着当初决定修行的那念初发心、追求佛法和舍身入道的决心,则学佛就简单了。不过,对凡夫而言却很难。

　　另外一项是"懵懂性"。众生都有相同的本性——清净善良天真的本性;这是人人本具的慧性,可是我们常会疏忽了,舍弃它而向外追求,因此迷失自我、浪费时日,这就是懵懵懂懂的人生。

佛性本具不假外求

　　春秋战国时代群雄并起,各自据地称王、封疆称国。当时有一位燕国的童子,听说赵国人走路的形态优雅,因为赵国有很多戏剧文化和学艺者。燕国童子很希望学他们走路的步法,于是就到赵国去学了几年,结果非但学不好,甚至忘了自己原来走路的方式,到后来只好用爬的,爬回燕国。

　　这虽是一则很荒谬的故事,但是很多人却像燕国童子一般,将本具的真如佛性迷失了。我们自然的走路步法,就像是本具的佛性;由母亲生下来,只要是健康的孩子,经过一段时间,他就自然学会走路,从婴孩至童年,走路是一种很自然的本能。但是那位燕国童子却偏偏要舍弃自己原来的步调,去学演戏的步伐,结果学不成,反而连原本的功能也失去了。学佛者想求真如佛性，但是为何不懂得向原有的本性去探求呢？

有一次，慈济护专办恳亲园游会，学生、家属及懿德母姊们集合在操场上，由学生发号施令，家长和懿德妈妈、爸爸们则听候号令，大家一起玩游戏，连校长夫妇也参加了。学生十分天真，当需要物品时，也不分是校长的或是家长的，统统拿来运用；也不管是否认识，大家都玩在一起。需要几根头发，也是很高兴地把头伸出去，要长、要短任君选择。还有拿鞋带、裤带当道具的，最后连校长的鞋子也被借走了。

"二人三脚"的游戏——不论身份高低，年龄老幼，大家一起同乐。奔跑时，跌倒了就再爬起来，不计较输赢，一切都由学生判定，只要博取众人的笑声，玩得高兴就好，这也就达到游戏的目的。

人生与此相同，每个人若能守住这分天真，人与人之间不要有任何计较；不管输赢，只要尽了自己的本分就好。在人生道上，千万不要迷失自己，不论老少本性都是相同的；我们学佛首先要反妄归真，了解自己的本性。

把握当下这一念

我们常常都会迷失了自己的心念，比如，之前说了一句慷慨话，也许等一下就要后悔；或是为了昨天的行为或人事上的疏忽，今天就感到后悔。凡夫的人生，常会因往事而追悔，这就是因为当下的那一念没有掌握好，没有彻底地了解自己。所以，我常说："要守住当下现前的那一念。"

有人问我："您这一生有什么计划？"

我都会说："我有一个远大的目标，不过却是时时把握住现前的每一秒。"因为现前的一念若能守住,就不会做错事、讲错话,也不会懈怠懵懂了。

人生要"认真"掌握现前的心念,但是人们常会迷失心念,懵懂地度日。因疏于待人处事之道,而引来许多烦恼;事过境迁之后,又开始追悔过往的事,当下的心念又在忧恼中空过。

这些话如果用心听,则学道必能见性。

佛陀说"见性学道难"——因为人经常会迷失"现前"的这一念。总之,学道不难,只因无法守住当下的心念,才会变易为难;若能守住现前的一念心,彻底了解自己的本性,那就很容易了。

就像那燕国童子一样,本来会走路,却偏偏去学别人的步法而忘记自己原本的走路方式。人生经常如此,希望每个人都能好好守护现前这一刻的心念。

学佛要体会佛心

大地众生都有其功能本性,清早起来听听大地之音——有鸟叫、鸡啼、虫鸣……鸡有司晨的功能;鸟儿在芳香的草木之间飞跃轻啼,鸟语花香,这都是众生的本能与本性。

其实,人也有本能与本性。寺院的僧众每天早上起得这么早,不论是虔诚地诵念经典也好,拜佛如仪也好,无非都有一个心念——学佛。为了学佛而缩短了睡眠的时间,清晨三四点天未亮就起床,这就是精进追求真理的一念心所使然。

但是虽有这念心,却不知是否能够彻底见性?我们平时念佛,不知是否已真正体会到佛的本性?暂且不谈体会到佛的本性,先说是否能反观自己日常生活中的举止及谈吐的习气?对于这些原来的习气,我们又了解多少?去除了多少？多数人对自己都无法彻底了解，又如何能够了解佛的本性？

我们常说："心、佛、众生，三无差别。"这句话说起来很流畅、很顺口。其实我们对这么简单易懂的道理，却无法完全体会其内涵，所知道的平等、天真、自由的本性，只是文字名相上的解说而已，而极少有人能了解真我的心和佛心很接近，于是众生与佛便离得很远。因为很多人虽具有"人形"，却不能发挥人身的功能，只是空有人形而已。若有人能发挥身体的良能，即与佛心相近，可是凡夫总是做不到，所以称之为"众生"，而众生与佛的距离就很遥远了！

鸡会啼、狗会叫，但它们却无法体会真理的存在，因为畜生道的境界暗钝愚痴，虽然它们也有天真的本性，却没有被启发和接近真理的因缘，所以它们离佛的境界非常遥远。而人类领悟力较强，周围的环境无不是让我们体会、学习和及时反省的因缘境界，这是人接近佛性的最佳机缘。

可惜很多人却让机会白白流失，放弃领悟本性的机缘，反而学习无实虚幻的玄理。例如偏向追求神通、追求感应……这并非学佛的本意和目的。

此刻不后悔方才的心念

学佛，就是要把佛法活用，如甘露般洗涤我们的身心，洗去无明和染污心，这就是学佛的本意。把我们平时疏忽的功能再修练，进而发挥净爱的功能，这就是真正学佛的目的。如果只求神通、求感应，都是错误的观念。

我们所要求的是现前此刻的心念不散失，此时不后悔方才的那一念心。若能如此学习佛法，才能定心；如果常常后悔昨天的错误或刚才讲错的话、做错的事，心老是停留在这些前念后念中，那就无法专注于现前此时的人与事物了。现前的心不能专，而想求他心通，即易入邪道，那就离佛道愈来愈远了！我们连自己的心都无法"通"，如何能通他人的心呢？

正确的学佛，应该要面对现实、现前的人生。常常反观自己有多少功能？是否已付出这分功能？

我曾讲过一个小故事——

某一座古寺前有一个水池，池里住了很多蟾蜍，这些蟾蜍忽而跳入水中，忽而跳上池边，而寺里常有修行人跑香念佛，拿着念珠踏着方步。蟾蜍群跳到池边，看到身穿海青的修行人，踏着庄严的脚步，嘴里念着响亮的佛号，它们心里很羡慕；当修行人在大殿拜佛时，其中有一只就跳到大殿外非常虔诚地祈祷,希望佛陀能赐给它两足站立的能力,像人类一样能用双脚走路。

因为它很虔诚,所以感动了一位天神,于是神就满了它的心愿。它觉得很欢喜,因为所有的蟾蜍都必须四脚跳跃而行,只有它能两足站立而行,所以它觉得很高兴也很骄傲。

有一天,草地上忽然来了一条蛇,很多蟾蜍看到凶恶的大蛇,就赶紧跳到水池里躲起来,那只两足立行的蟾蜍心里也很慌张害怕,但是两足走路总比不上四足跳跃快,而现在它已经失去了四足跳跃的功能,最后被蛇追到了且一口咬住。当它痛苦地挣扎时,心里非常后悔,它想:"我何苦放弃原本具有的功能?只为了追求两足立行,竟落得亡命蛇口,真是后悔莫及!"

这虽然是个童话故事,但也可以作为最好的警惕。学佛就是要恢复原本的功能本性;若是超过自己能力范围的事,却不择手段去追求,终究会失败。有些人到寺院说要学道,却迷于追求神通,因而常会走火入魔。不但乱了精神且断了慧命,像这样就太可惜了!

希望大家都能透彻了解我们的本性功能,若无法真正了悟,即使学道也很难悟得真理,所以佛陀说"见性学道难"。其实纯净的真如慧性和自己最近,然而人们却往往舍近求远。我们的眼睛能看清别人,却看不见自己的脸,最近的反而看不到或被疏忽了。

同样的,学佛无非要我们从最近的地方做起,而最贴近最简单的方式就是——发挥自己的功能,切莫舍近求远啊!

随化度人难

精舍的远方传来了阵阵庄严肃穆的念佛声，我在静坐中就如同身历其境，和他们一同朝山念佛一样。这样的气氛令人感到轻安喜乐。

佛陀说人生二十难，其中第十八难是"**随化度人难**"。"度"人，实在是很不简单！尤其是要对方一见到你起欢喜心，由你的一切举动、语言、声音就能让他改过，这就更难了。不过，大众于殿内打坐静思，而外面有朝山者的修持念佛声，我们的身心就好像被他们所融合，可见"诚"能感人。

精诚所至金石为开

记得几年前，在朝山的道路旁有一排猪舍，里面养了很多的猪，猪舍旁边还有很大的鱼池；饲养的人利用猪粪导入池内喂鱼。到了夏天风一吹，精舍周围就臭气冲天！可是土地是别人的,他们要养猪、喂鱼,我们也是无可奈何。

有一天,一群慈济人来朝山,那时的朝山者不像现在浩浩荡荡这么多人,只有十几位吧!他们半夜从苏花公路朝山进来,三步一拜非常地虔诚。养猪的人看见了,觉得很奇怪,心想:"这些人怎么这样呢!走路不好好走,一会儿就拜一次,走不到几步又拜下去?"当时朝山的人是默念佛号而拜,所以,对一个没有信仰、又不曾见过朝山的人而言,会觉得好奇,也有满腹的狐疑……

不过,他也一片好心地回家拿手电筒,推着脚踏车跟在朝山者的后面,为他们照明路况。因为他看到山上有些年轻人,骑着机车飞驰而过,而朝山者穿着黑色海青、天色又暗,万一出事可怎么办?因此他就提着照明灯,让骑机车的年轻人和开车往来的人有所警觉,注意到前面有人。总之,他就这样一路跟着朝山者念佛入精舍。

他看到朝山的人，非常虔诚地回向顶礼。这时天色也亮了，他原本想回家去，刚好那时我走到外面看见他，和他打了招呼，他说："这些人好诚心哦!"我告诉他："这叫做朝山!"他说："我从来不曾见过，真令人感动!"

过了一会儿，他鼻子嗅了嗅说："你们这里怎么有猪粪的味道?"我说："这是从你们的猪舍飘来的啊!"他说："我以为只有我们那里会臭，没想到这里的味道比我们那边还浓!"

我问他："像这种情形，你认为好吗?"他说："不好，不好。这样好了，我把这一批猪养大了就结束经营吧!"后来，他真的结束了养猪业。

这就是以诚来感动人，本来他们一养就是好几百只的猪，一大早拜佛时，常听见猪群的嚎叫声。当猪要被送到屠宰场时，听它们哀嚎的声音，真是令人心碎！幸好这群朝山者以虔诚的举动,把猪舍的主人感化了。

修行人有时因久处于良好的环境,也许不太察觉它的好。有句话说,"处于芝兰之室,久而不闻其香"正是如此。反之,"处于鲍鱼之肆,久而不闻其臭",在臭秽的环境中住久了也会不闻其臭。

天堂地狱唯心造

佛陀成道数年后,应父王之邀回国弘法。入城第二日中午,佛陀托钵经过皇宫楼阁时,看到楼阁上有一对恩爱佳偶正在卿卿我我。那名男子是佛陀同父异母的弟弟,名孙陀罗难陀,他往楼下一看,见到佛陀庄严的身相非常感动,便立刻下楼来到佛陀面前,向佛问讯。

他接过佛陀的钵,将其盛满饭菜,然后端出来要供养佛陀;但是佛陀一直往前走,他只好捧着钵跟着佛陀一直走到精舍。到精舍时,佛陀告诉他:"世间的富贵如浮云,你若是贪恋美色,滚滚红尘中打转,到头来一定还是在六道中轮回。"孙陀罗难陀听了很感动,因此不顾美娇妻还在家里等他,就随佛陀出家了。

出家之后,他还是会想念妻子和家庭生活。有一天,他想偷偷跑回宫中。佛陀知道他的心思,就告诉他:"我要带比丘们出去托钵,你留守在精舍,但需打扫环境……"他想到这是回宫的好机会,便说:"好! 我留守精舍。"可是佛陀故意回头问他:"你想离开吗? 在你要走之前,我带你去看看一些境界。看完了,你要走再走吧!"于是两人坐下来,佛陀入定后,把难陀带上天堂,在那里有一座富丽堂皇的高楼。

远远一看,孙陀罗难陀惊讶地问佛陀:"世间怎有这么庄严美丽的房子呢?"

佛陀说:"你过去问问这个房子的主人是谁?"

他过去一看,看到屋里有很多美女,就问道:"你们的主人是谁?"

他们说:"是释迦牟尼佛的弟子孙陀罗难陀。将来他在人间舍报往生后会生在天堂,到那时,这里的主人就是他了!"

孙陀罗难陀听了这些话好高兴,佛陀问他:"如何? 这里的女子漂亮吗?"

难陀说:"哦! 太漂亮了!"

佛陀又问:"跟你的太太比起来呢?"

他说:"跟她们一比,我太太就像猴子一样;她们实在太美丽了!"

佛陀说:"你如果好好修行,将来就是这里的主人。"他高兴极了。

佛陀又带着他到地狱去,孙陀罗难陀看到地狱中的狱卒,牛头、马面……各式各样均有,还有罪人受刑的种种惨状。

地狱中有一个很大的油锅,他很害怕地说道:"太可怕了!这个油锅还没开始使用,不知将来的受刑人是谁?"佛陀还是要他自己去问狱卒。狱卒道:"这个油锅还在加热,等着佛陀的弟子孙陀罗难陀。他欲心未除,将来若犯戒,死后堕入地狱就会在这里面,受烈焰热油煎炸之苦。"他一听,吓得满身大汗!

他告诉佛陀:"我知道有天堂、地狱了。不管是天堂或地狱,都是由自己的心念所造成;我要好好地持守自己的心念,也要更加用心地学佛。"

这都是心念的问题。有时身在其境,却制伏不了自己的习气,就像孙陀罗难陀一样,等到让他真正看到了境界时,他才知道"回头是岸"的道理,所以佛陀说"随化度人难"。

就如孙陀罗难陀虽然跟在佛陀的身边,照样

还是会起心动念。经过这番过程，他才开始潜心向道；若不是让他看见这些境界，他怎么会死心呢？

学佛就是要把持自己的心，有时我们的心念精进，有时会生懈怠；精进则成就，懈怠则堕落。不过，只要我们有虔诚的心，不仅能自救，还能化度他人！因此，要时时抱着殷勤精进的诚意学佛。

睹境不动难

佛陀说"睹境不动难",意思是:处身在顺逆境界之中,而能不被它所动,确实不容易。

有一次慈济委员联谊会,数千人潮来自南北与会,但聚会的场所连医院的大厅都无法容纳了,所以更换了新的会场——在纪念堂(现称静思堂)工地的地下室。这是临时的场地,音效及通风设备非常差,当天气温又高,身处在那种环境真让人觉得不是很理想。为什么不理想?因为现代的人,日常生活都已习惯享受,夏天家家都有冷气,连坐车也都有冷气设备。

现在忽然来到这个大空间的环境,加上人多、天气又热,也无空调设备;尽管大家都很有心,为了想多了解慈济而来参加聚会,但是在这个大空间中,心却不免被外境——闷热所动,像这样的境界,心就被转动了。若能彻底了解苦受、乐受的真谛,则不会被境界所转。

不能为法忍苦所以难

现代人很会在"白纸黑字"上作文章，文句写得很美，却只是皮毛上的了解，懂得文字表面的意思而已！过去的人较易透悟真理，大家也听过"千里求师、万里求艺"，禅宗二祖慧可为求一法——"父母未生时本来面目"，甘心跪在雪地七日七夜、断臂求法，唯得一句开示："不思前，不思后，即是父母未生时本来真面目！"求法者当下体悟了个中真谛，即得不退转道心。为什么对现代的人，讲了千经万论也安不了他的心？

过去的人走了千里路，跪地七天只得到简单一句话，就能受用无穷，那是因为他能一心一志，雪地断臂都动不了他的心，再恶劣的环境他还是一心求道；现代的人之所以不能体解妙法，是因为无法舍弃欲乐享受，更不能为法忍苦，所以其心易随境界转动。

反观佛陀未证道前,他在皇宫中,地位多么尊贵,享受的是父王为他建筑的"三时殿",使他的生活永远都是怡人的春天。父王的爱护、姨母的疼爱、又有全国人民的爱戴,但是他却没有让荣华富贵缚住心,毅然辞亲割爱修行去了。

他在五年的参访、六年的苦行期间,受了千辛万苦,忍人所不能忍。冷的时候,忍受一般人不能承受的寒冻;饿的时候,忍人所难忍的饥饿。前后十一年,这种苦难的环境就这样坚毅地熬过了。直到在菩提树下,天魔来扰乱他,他都能一一降伏魔军;即使再美的魔女引诱扰乱,他都不受色欲心念所动,心念益发坚固,睹境而不动心……终于悟道成佛。成佛之后,佛陀依照自己的愿力,在印度恒河两岸辛苦地说法,广度群生。

杀身之祸由贪起

有一次,佛陀和阿难走在路上,忽然佛陀说:"阿难,有毒蛇啊!"

阿难以为真有毒蛇,探头一看,原来是一堆闪亮的白银,但是阿难也回答:"是的,是毒蛇!"之后,两人便视若无睹地走过去了。

后面有一对父子,听见佛陀说:"毒蛇!"阿难也回说:"毒蛇!"他们起了好奇心,于是也探头去看个究竟——"哇!哪里是毒蛇?是一瓮闪闪发亮的白银呀!"

这对父子动了心,父亲告诉儿子:"赶快把它搬回家,我们已经发财了!"于是,父子俩很快地把白银运回去,并且拿到市集上去使用。

原来,这些白银是小偷从国库偷出来的,他们暂时把银子藏起来,想避过风头后再去取出来。没想到佛陀和阿难经过该处时发现了，又被跟在后头的那对父子取走。

在城里，官府已贴出通缉令，要捉拿罪犯。国库的白银上面一定都有封记，那对父子把银子拿去用时，就被认定是偷盗国库的重犯，因此被逮捕，甚至被判处死刑押赴刑场。当这对父子即将被处决时，父亲非常慨叹地向儿子说："儿呀！真的是毒蛇，我们现在已经被毒蛇咬了！"

执刑的人听到他们的话觉得奇怪，于是报告国王，国王觉得这些话的寓义很深，绝非一般庄稼人能想得出来的，因此就传令押回，亲自审问之后，才知道整个案情经过。国王是虔诚的佛教徒，他觉得一个人只要有机会听到佛陀讲话，不管是否领悟，总是与佛有缘；佛陀慈悲救度有缘人，何况他们只是捡到而不是偷盗犯，所以就赦免了他们。

所谓的动心与不动心,要看我们是否存有贪念?佛陀说:"睹境不动难。"看到境界而能不动心,对凡夫来说真的是很难。像那对父子看到那么多白银怎能不动心?而佛陀和阿难看了却当它是毒蛇,不但不动心,而且还避得远远的,这就是凡圣之别啊!

再说,平常享受惯了的人,在环境较差的时候,要他们接纳、忍受,这当然不简单。气候稍变,心就跟着动,热时坐不住,话也难以入耳,这都是凡夫的境界。要睹境不动,谈何容易?

我们听法的时候,心里都会觉得很好,常会认为自己都了解了;可是离开了听法的地方,凡夫心又会生起。尽管知道不可有贪、瞋、痴的念头,也知道瞋火会烧毁功德林,可是一旦遇到不顺意的事,这时无明火还是会冒出来——"你是你、我是我,要争个输赢!"凡人就是这样,常被境界所转。明明曾下定决心精进,且似乎与佛的境界逐渐接近,偏偏心一动又堕落凡夫地。

我们学佛最主要的是要能调伏自己的心,使心能自主,来去自如;但是凡夫俗子的心境却常被外境所缚,被牵引得团团转而落入境界之中,无法超越六道。

轮回六道皆为贪瞋痴

六道,是因自我心中的善恶而上下流转不停。心若为善,便是天堂;心若守规矩,就是人的境界;起了瞋恨,就是阿修罗;若起杀、盗、淫的恶念,便容易堕入地狱;内心起了贪念就是饿鬼的境界;若乱节无伦常,将来就会落入畜生道。这六种境界,都是由心所造;也因心受外界转动,所以无法解脱。

心为什么会被境界所转?简单地说是因为

有贪、瞋、痴三毒；心中若有贪念，境界一现就很容易被它迷惑。贪色的人着迷于男女色欲，有些男人看到漂亮的女孩就忘了自己，极易被女色所迷。轻者引来家庭不和，重者因此倾家荡产，甚而引起情杀事件。像这样，就是色境引动贪色的念头。

若是贪财，其实财不转人，而是人心自转。如一堆白银，闪闪发亮本来就是物体所具的性质，并非特意要引诱人，只是人心自迷。心如着迷财物，轻者引发内心的烦恼；重者可能导致精神失常。比如以前常听说有人沉迷六合彩而意识错乱，或为了股票的跌停而精神失常，有的甚至家破人亡，这都是近几年来的社会问题。

有一次，我到台中时，有一位电台记者大清早就来跟我说："师父！现在的股票已经迷惑了人心。"她又说："有一天我去彰化的一家医院采访新闻时,正巧从其他医院转来十多位精神病患。那家医院本来生意就很好,忽然又送来那么多精神病患,因此没有病房可以容纳,医生也照顾不来;有人赶紧跑去问院长,要如何处理这些患者?"

"院长说:'很简单,去拿个板子,上面写着股票涨停板,贴在墙上就好了!'这帖药真的很管用,墙上张贴了股票涨停板后,那些精神病患看了非常高兴,大家欢喜鼓掌,笑得好开心! 有的安心地睡着,有的精神也恢复了!"

只要数目字涨了,那些人的心病就好了;数目字跌了,他们又病了,完全只因数字的起落而定。除了那些病人之外,街上还有很多喃喃自语的人,他们的心都随着数字的起落而转。心中若有贪念,社会上就有很多引人堕落的陷阱。

有人说:"色不迷人,人自迷;财不害人,人自害。"一个有智慧的人,对财、色、名、利等看得很淡泊,并且能把感情发挥为清净的长情大爱。难得生于人间,难得有这分感情的功能,应该好好把这分功能散播于人群中,这就是菩萨的智慧。

善解方便难

我们若真的想学佛，就应追求明心见性。虽然要明心见性并不简单，但是若懂得把佛法带入日常生活中，举手投足无不是见性妙法。见性的过程不可缺少"善解方便"，无法善解方便，就无法见性明心。

出家僧众每天清晨，一大早就开始拜佛礼忏，是否学佛的人都应如此呢？是否一定要四点起床，在大殿唱念课诵？其实这也是一种方便法；早起可以养成好习惯。我常说，人要懂得珍惜每一秒，因为佛陀说："人命在呼吸间。"在能够呼吸的时候，便是活着；若一口气不来，生命也就结束了。这么脆弱无常的生命，更应该好好地利用。如果懵懵懂懂地过日子；喜爱悠闲消遣时间，到处游玩观光，累了就呼呼大睡，这样生命便在观光游荡休闲之中虚度了。

发挥人生功能即觉醒

佛陀希望弟子们时时觉醒，何谓"觉醒"？当我们在发挥功能、为人群做应该做的事时，这就是觉醒。佛陀希望我们发挥功能的时间长一些；若要争取做事的时间，当然就要节省睡眠时间，因此我们要早起，早起就有股清新的精神接受佛法的滋润。

如果睡到七、八点，那么一天就少掉了三四个钟头。一天总共才二十四小时，睡眠就用了八九个钟头，剩下的十几个小时又要吃喝、游玩和休息；像这样，真正在做事、发挥人生功能的时间，剩下多少呢？所以，要尽量早起，清早的这一段时光最清新，最能吸收智慧。因此，每一个丛林都是早起礼佛早课。

礼佛有益身心

"礼佛"是否必要呢？

礼佛有两大益处，一是可以活动筋骨；很多人你要他早起，他愿意，要他去拜佛，他却不肯，说："我心中尊敬便可以，为什么一定要拜佛?"他宁可去散步做运动。散步和拜佛有何差别？散步时心较易闲散，因为结伴成群，如此一来就东家长、西家短地讲个没完；身体是在运动，而嘴巴则不停地在造业；听多了是非，心就会动念。如此一来，虽然身体在运动，但是心、口却无法清净。

我们拜佛，身体礼拜是一种运动，而口里念佛，心则观想佛，要追随佛、菩萨的精神和脚步。拜佛和早起运动的人，精神活动是不一样的，心和口业也不同。礼佛一方面可以促进身体健康，一方面是增长智慧，加强心理健康。礼佛之时，我们眼观佛像，口念佛号，心中体会佛理，如此就能启发智慧，这虽是学佛的方便法门，但由方便法也能体会真理。日常生活中，我们如果不能善加体察方便法，有时就会因此自我封闭、自我迷惑，不能善解方便。

学佛应善解方便

比如说，有一位年轻的太太，她到处跑道场，跟着法师团团转，却没有照顾家庭。先生上班、孩子上学后，她也跟着出门跑寺庙去，不肯照顾家庭、整理家务；买一次米，半年后还有剩的没煮完，先生若问她："你怎么不煮饭给孩子吃呢？"她就到外面买便当回来，反正有饭吃就行了。

先生如果说："孩子的袜子要天天洗呀！他们经常没有干净的袜子可以穿。"她就买回来整打的袜子，让孩子天天有得穿。到底她忙什么？

她忙着拜佛、赴法会；每天除了要持诵七遍的楞严咒，以及诵念其他的经咒之外，又要跑道场，跟着法师供养，她真的非常忙碌，她是不是很精进呢？她执著于"亲近三宝有功德，礼佛念经会开智慧"，这即是她不能善（理）解方便法。

念经拜佛是宗教的礼节仪式，诵经是为善解佛陀的教理，人生的道路该怎么走才不会错，能一路直达佛的境域。所以，学佛要知道什么是方便法。方便法重要吗？当然重要，重要的是在于"会事启理"，使我们于人事中领会道理，启发我们真净的本性。如果不了解方便法，且偏执于它，就会像那位年轻太太一样。

真正的佛教徒要节俭勤快，勤俭的美德亦是佛陀教育之方便妙法，更是我们学佛的基本道理，勤俭持家且能精进于启发良知良能，才是真正地善解方便妙法。佛陀说"善解方便难"，意思是说:能适当地体会方便法确实很难。

因为众生习性多有所偏执,有的迷执于事相,有的迷于理论,无法事理兼顾,所以不能事理圆融;不能圆融事理,则易生事障、理障等困难烦恼,这都是不能"善解方便"的困"难"。如能悟得"方便"个中之妙法,则诸事无难、万事无碍!

《金刚经》中云:"知我说法,如筏喻者;法尚应舍,何况非法?"我们总不能搭船渡河之后,还把船背着不放吧?学佛也是一样,所听的一切法和礼拜的行动都是一种方便之法——藉假修真,藉方便(事相)来会理启真;如能晓了方便妙法,则能无难不解,通达诸法、智慧如海,和睦群众一切无碍了!

菩萨的道路

　　人与人之间,相互要求的境界不同,在社会人群中,个人习气的表现,似乎是应该的,若有心想追求超越一般人群的境界,自然会觉得美中不足。

　　我希望慈济世界是个超越一般人群的团体,把习性和观念统一起来。然而我们应有什么样的习性? 我们要向佛、菩萨看齐,要培养与佛、菩萨相近的净性和精神。

　　《三字经》说:"人之初,性本善,性相近,习相远",人是因为习气重,才会违背了善性,现在我们要做的就是回归本性;要回归本善的净性,还得下功夫去练习,若想超越一般凡夫的习气,唯有赶紧学习佛、菩萨的德行。

慈济菩萨的精神

　　我们的理念要一致,要学习菩萨的净行,菩

萨为了众生割肉剖骨都在所不惜。我们为了众生，为了千秋百世的志业，也要学习这分菩萨精神，不要说："唉！我已经做得很累了；我一个人的声音压制不了那么多人的声音，我喊得累坏了！"事实上，要做一位菩萨，不只要"讲不累"、"喊不累"，还要"走不累"、"做不累"，甚至割肉剖骨血淋淋的，都还要再撑下去！

佛陀当初还在因地修行时，为了救一只小鸟，他甘愿割肉喂鹰，愿以自己的肉来抵偿小鸟的重量，但是直到他把全身的肉都割完了，他还是不退道心啊！

我们学佛，心、言、行要一致，既然发心学佛，就要一路学到底，不可一遇到困难就说："唉！我不要学佛了！"这句话动个嘴皮很轻易便能出口，但道心也会因此很快地退失了，为什么？因为身、口、意三业，本来就是合一的，口出一言，便是心的动念;心一动念,即有障碍现前,我们要好好地把握自己的心念呀!

高山峻岭固然很难攀越,当我们很努力地往上爬到五六分高时,再上去的路程可能更陡峭、更坎坷,此时抬头一看,若想:"唉呀!山还那么高。"干脆手一松放弃算了!这一松手也许就滑落到谷底了!上面的路程虽然艰难,但只要更尽一分力,就能前进一分,咬紧牙关终必能登上巅峰。若起一念懈怠或瞋恚之心,手一松软就会很快地滑落下来!

我们学佛,身口意要非常谨慎,在日常生活中,遇到再困难的事,都要欢欢喜喜地说:"我还要再继续做下去!"如登山者一样,巅峰不到决不罢休。

彼此勉励和激励

人与人之间相互勉励或激励，是常有的事。勉励和激励不同，勉励是耐心地好言相劝；像励志类的书，里面的文章都写得很好，也都属勉励性的。而激励则是逆境的激将法，以横逆来考验我们的心是否永不退转？是否毫无埋怨？若能做到心行决不退转，口中毫无埋怨，这叫做"心行意愿"。我们要做到如此，才能真正学到菩萨的净行。

"人之初、性本善"，学佛就是要超脱平日的习气，这样才能回归本性，到达佛的境界。大家要时时提起勇猛心，不可一遇到逆境，心态一转就坠落到凡夫的境界，或者更严重的还坠落到阿修罗的境界。六道之间，彼此都在心念间而已，要进要退都很容易；若进一步、退一步，退一步、又进一步,则永远在这个圈圈里打转,如何能够超越呢?

人身难得、佛法难闻、菩萨道难逢;今生我们已得人身,又听到佛法,且身在菩萨道上,我们不要进一步又退一步,要一步一步往前精进。爬了六七分高的山岭已近山巅,剩下三分的路,再艰难也要登上去。不要放松,因为一放松,要再从头来就很困难了。一定要好好照顾自己的心念,身口意要合一;大家相互勉励,但是也要接受彼此的激励。

逆境一来,才真正是我们的无字天书——不必用文字,它很自然地就呈现在我们的面前。让我们试试自己的修养功夫究竟如何,我们要好好警惕自己多多用心,真真正正拿出"转观念"的心来,要以心去转境,莫让外境转心念!

图书在版编目(CIP)数据

人有二十难/释证严讲述. —上海：复旦大学出版社，2011.1(2024.9 重印)
(证严上人著作·静思法脉丛书)
ISBN 978-7-309-07476-5

Ⅰ. 人…　Ⅱ. 释…　Ⅲ. 佛教-人生哲学-通俗读物　Ⅳ. B948-49

中国版本图书馆 CIP 数据核字(2010)第 139493 号

原版权所有者：静思人文志业股份有限公司授权复旦大学出版社
独家出版发行简体字版

慈济全球信息网：http://www.tzuchi.org.tw/
静思书轩网址：http://www.jingsi.com.tw/
苏州静思书轩：http://www.jingsi.js.cn/

上海市版权局著作权合同登记号　图字：09-2010-549

人有二十难
释证严　讲述
责任编辑/邵　丹

复旦大学出版社有限公司出版发行
上海市国权路 579 号　邮编：200433
网址：fupnet@fudanpress.com　http://www.fudanpress.com
门市零售：86-21-65102580　　团体订购：86-21-65104505
出版部电话：86-21-65642845
上海崇明裕安印刷厂

开本 890 毫米×1240 毫米　1/32　印张 7　字数 68 千字
2011 年 1 月第 1 版
2024 年 9 月第 1 版第 6 次印刷
印数 19 401—20 500

ISBN 978-7-309-07476-5/B·360
定价：30.00 元